MORTS AVANT LA RETRAITE

Les Arènes,
17-19, rue Visconti, 75006 Paris
Tél. : 01 42 17 47 80

Pour découvrir nos nouveautés, rendez-vous sur notre site arenes.fr.
Retrouvez les vidéos inspirées de nos livres sur la chaîne YouTube « Les Arènes du Savoir ». Et suivez-nous sur les réseaux sociaux !

@les_arenes

SOUS LA DIRECTION
DE RACHID LAÏRECHE

MORTS AVANT LA RETRAITE

Ces vies qu'on planque
derrière les statistiques

LES ARÈNES

« J'ai été retraitée de l'éducation nationale à 60 ans. À 62 on m'a découvert un cancer du sein. Ainsi, j'aurais pu mourir à 62 ans exactement. Penser que des gens mourront avant même d'être à la retraite est quelque chose de très violent. On n'a pas tous les mêmes conditions de travail, et prolonger de deux ans, c'est une atteinte à la vie. Est-ce qu'on est sur Terre simplement pour nourrir – je vais dire le gros mot – le capital ? Je suis ici pour écouter, parce qu'il y a habituellement un grand silence sur le monde et la réalité du travail. »

Annie Ernaux, prix Nobel de la littérature,
Libération, 16 mars 2023

Avant-propos

Le soldat inconnu

par Rachid Laïreche, directeur éditorial

Il me raconte souvent des histoires. Je les connais presque toutes. Son enfance en Algérie, la vie pendant la guerre d'indépendance, sa sœur, ses frères, son arrivée en France, sa Renault 18 bleu nuit, et ses années de charbon. Mon père, Ali Laïreche, a travaillé durant près d'un demi-siècle dans une usine au nom dur : Cofrafer. Une entreprise de métallurgie dans le Val-de-Marne. Il est à la retraite depuis environ vingt-trois ans. Il a eu la chance de partir à 60 ans tout ronds ; de voir grandir ses enfants et ses petits-enfants ; de passer du bon temps dans sa baraque à Mostaganem, en Algérie. Aujourd'hui, il profite toujours de tout, mais avec une saveur supplémentaire. Il conjugue tous les personnages de ses anecdotes au passé. « Je suis le dernier », répète-t-il en pensant à ses parents, sa sœur, ses frères et ses potes.

En février, j'étais assis, dans le salon de l'appartement familial à Montreuil, en Seine-Saint-Denis. On regardait un match de foot, tranquilles comme un dimanche. Je ne lui avais pas encore parlé de mon projet de livre. En sirotant un café noir, le daron a tout deviné sans le savoir. Il m'a raconté une histoire que je ne connaissais pas. Une inédite. C'était à l'époque de l'usine. Il a vu un collègue tomber à quelques mètres de lui. Un intérimaire. Il s'est raté en tentant d'attraper un câble. Le « gars » ne s'est pas relevé. Mon père, qui était un peu plus loin, a vu toute la scène. Il a fait un grand geste de la main au chef d'équipe pour le prévenir qu'un « gars » était resté à terre. Plusieurs ouvriers se sont mis autour du blessé. Il était conscient, le regard rempli de panique ; il faisait des signes pour faire comprendre aux autres qu'il n'entendait plus rien.

Les ouvriers ont appelé les pompiers. Le blessé est monté dans le camion rouge à sirène. Et ils ont repris le travail. La nouvelle est tombée le lendemain : le chef leur a annoncé la mort du « gars ». Il a définitivement fermé les yeux durant le trajet entre l'usine et l'hôpital. Il y a eu un petit silence peiné. Puis ils ont repris le travail. La routine était plus forte que tout. Une vie peut s'arrêter, mais pas l'usine. Mon père pense souvent à lui depuis quelques années. Une sorte de fantôme qui est remonté à la surface. Il ne connaissait ni son nom ni son âge. Un soldat inconnu. L'intérimaire de passage a été remplacé à la va-vite. Aujourd'hui, mon père s'interroge. Des questions en pagaille et sans réponses. Il avait une famille ? Des enfants ? On aurait pu le sauver ? Pourquoi tout le monde a repris le travail sans broncher ? Parce que c'était un intérimaire ? Est-ce que ça aurait pu être moi ?

La mort au travail n'est pas un fait rare. Certains partent à cause d'un accident. D'autres sont frappés par une maladie qu'ils ont chopée directement (ou pas) au turbin. Des chiffres ont beaucoup tourné. Ils disent que les hommes et les femmes pauvres vivent moins longtemps que les riches, que beaucoup n'atteignent même pas l'âge de la retraite. La discussion a eu lieu au moment où la Première ministre, Élisabeth Borne, a repoussé avec la force, en utilisant le 49-3, la barrière encore un peu plus loin – l'âge de départ à la retraite atteindra 64 ans en 2030 contre 62 ans aujourd'hui. J'ai renoncé à donner les chiffres avec des tableaux et des graphiques. Pas la peine de copier une tonne de statistiques pour prouver que nous ne sommes pas tous égaux devant la vieillesse. Ça voudrait dire que le doute existe. Il faudrait prouver la misère, la pénibilité et la mort ? La réalité est sous nos yeux, autour de nous.

Ces derniers mois, j'ai échangé avec de nombreux enfants de familles précaires. C'était pour un article dans *Libération*. J'ai croisé le chemin de Salim quelques jours avant l'histoire inédite de mon père. Il s'est posé sur un banc en bois, à Fontenay-sous-Bois, avec un petit café pour me parler du sien. Il ne peut plus écouter ses souvenirs. Son père, Ahmed, est mort en 2013, après un malaise en rentrant du chantier. Il avait 58 ans. Salim est un type drôle et bavard qui raconte très bien les histoires des autres. Il a mis du temps à se confier. Il a fallu prendre des chemins détournés pour qu'il cause de la maison que son père a fait construire dans son village kabyle, en Algérie. Ahmed espérait en profiter à la retraite. Il rêvait de jours paisibles au milieu des oliviers, mais son cœur s'est arrêté en chemin. Je pourrais évoquer Aliou qui a perdu son père, plongeur dans un restaurant, et sa mère, femme de ménage ; de Grégory qui garde en travers de la gorge les songes de son père, géomètre, également décédé. Tous partis avant la retraite.

Les marmots devenus grands conservent en mémoire la fatigue des parents. Le travail pénible brise (parfois) les liens à la maison. Les turbineurs demandent le calme une fois à la baraque. Terminé les grandes discussions, les rires et les chamailleries. Le silence est roi pour les corps épuisés. Sandra revoit sa mère au bout du rouleau. Elle a élevé seule ses trois enfants. Des journées sans fin : ménages la journée et famille à gérer le soir. Elle faisait mine de garder le sourire. Elle ne s'est jamais plainte. Elle a atteint la retraite avec le dos courbé et les genoux bousillés. Christine est toujours en vie. Mais elle ne peut plus se déplacer sans sa petite canne. « Elle a fini sur les rotules », souffle Sandra qui veille chaque jour sur sa mère. La vie peut vite se transformer en calvaire après des années au charbon. Le pire n'est jamais derrière soi quand la souffrance colle à la peau. Et le droit au bonheur ?

J'ai eu l'idée d'un livre collectif pour faire connaître la vie des ouvriers morts avant la retraite. J'ai appelé des journalistes de rédactions différentes. Nous sommes douze, et nous racontons tous une histoire vraie. Nous avons contacté les proches des décédés (familles, amis, collègues, etc.). Comme dans un épisode de *Columbo*, il n'y a pas que la mort qui nous intéresse. On connaît l'identité du tueur dès le début ; on sait tous que le lieutenant à l'imperméable résoudra l'affaire à la fin. On reste devant l'écran pour voir comment il retrace l'énigme qui nous mène au meurtre. Tout au long de ce livre, nous ne relatons pas des histoires sur la mort, mais nous tentons de mettre en lumière les disparus ; les silencieux qui affrontent le pire avec une forme de fatalisme ; les soldats connus et inconnus ; les invisibles qu'on planque derrière des statistiques. Un hymne pour ceux qui sont partis, qui n'oublie pas tous ceux qui restent ; tous ceux qui ne partent pas et qui voient les ouvriers quitter le navire. Comprendre : des histoires de vie.

Albert

par Alice Géraud

Du bleu partout. Une poussière fine, plus fine encore que de la farine. Du bleu qui tache la peau et colle aux cheveux. Albert mouchait bleu, crachait bleu. La nuit, Denise prenait soin d'étaler des serviettes-éponges sous sa tête, parce qu'il suait du bleu aussi. Sans ça, elle n'aurait jamais pu ravoir les taies d'oreillers. C'était de la vraie cochonnerie, ce bleu. Impossible de s'en débarrasser. Avant de quitter l'atelier pourtant, les ouvriers avaient quinze minutes de douche obligatoire, et interdiction de rapporter les vêtements de l'usine à la maison. La seule trace de l'usine, c'était ce bleu insinué à l'intérieur des corps, dans les poumons, la gorge, les sinus.

L'usine, ceux qui n'y travaillaient pas n'y rentraient pas. Ils ne savaient pas grand-chose de la vie dans l'atelier. Ils n'en connaissaient ni la puanteur, ni la chaleur, ni la saleté. Un matin, Albert était parti sans sa gamelle, Denise était descendue la lui porter à l'usine. L'employé à l'entrée avait fait appeler Albert. Denise avait vu un homme arriver de loin, elle n'avait pas reconnu son mari. « Il était tout bleu, on ne lui voyait que les yeux, j'ai dit au monsieur que ce n'était pas lui, qu'il avait dû se tromper de personne. » Denise ne l'a pas dit à Albert, mais cette vision l'a longtemps hantée. Comme lui est restée en mémoire l'odeur irrespirable de l'atelier, la seule fois où elle y est entrée, quand l'usine avait organisé un week-end « portes ouvertes » pour les familles. Les salariés avaient chômé le vendredi pour qu'on puisse tout bien nettoyer. Mais cela n'avait pas suffi. Denise se souvient encore de cette sensation de gorge et de nez brûlés. Ce jour-là, elle a réalisé l'enfer dans lequel travaillait Albert. « C'était pas pensable, cette odeur. » Elle répète « pas pensable ». Et puis, elle se rattrape aussitôt. « Enfin, c'était comme ça. » Vie et mort des ouvriers de la chimie.

Albert est mort à 57 ans. Après quatre ans à lutter contre des cancers successifs. La gorge. Puis les poumons. Dans l'année qui a suivi son décès, en novembre 1993, quatre collègues de l'atelier d'Albert sont morts aussi, des mêmes cancers. D'autres étaient morts avant. D'autres encore après. 57 ans, trois ans avant la retraite. Ils sont nombreux ceux de l'usine à ne jamais avoir atteint l'âge du repos légal. « Mon mari avait une bonne bande de copains à l'atelier, mais ils sont partis les uns après les autres», résume Denise. Personne dans la famille n'a souvenir qu'on ait évoqué et encore moins dénoncé ce travail, ni à l'enterrement d'Albert, ni même après. «Les ouvriers mouraient jeunes, on cherchait pas trop à demander pourquoi, peut-être parce qu'au fond on savait», dit Denise. Elle pense que son mari n'aurait peut-être pas apprécié qu'on parle de cela.

Albert était fier de son travail. Et de son entreprise, une multinationale suisse, fleuron de l'industrie chimique. La Ciba fabriquait des colorants, notamment pour l'industrie textile, socle de l'économie lyonnaise. Le bleu de Prusse a été le premier pigment synthétique de l'histoire des colorants. C'est la couleur avec laquelle l'on teint les bleus de travail. Ironie cruelle des ouvriers qui se tuent à la tâche pour fabriquer le bleu que d'autres ouvriers porteront pour peut-être se tuer à leur tour au travail.

L'usine suisse s'était installée à Saint-Fons à la toute fin du XIXe siècle, à la sortie sud de Lyon, sur ces berges du Rhône où, cinquante ans plus tôt, s'était implantée la première usine chimique française, baptisée «la Grande Usine», dans laquelle le groupe Saint-Gobain fabriquait de l'acide sulfurique. Viendront dans son sillon tous les grands noms de la chimie, Rhône-Poulenc, Rhodia, Atofina puis, plus tard, la raffinerie Total de Feyzin, formant ce qui dessinera

« le couloir de la chimie » français. Sur une quinzaine de kilomètres, un enchevêtrement de bâtiments, de cuves géantes, de tuyaux, de poutrelles et de cheminées fumantes qui, la nuit, s'illuminent de milliers de néons, formant une étrange galaxie à l'entrée de Lyon. Au début du XXIe siècle, industriels et élus ont réussi à faire rebaptiser le couloir de la chimie, paysage désespérément plat et gris, « vallée de la chimie ». Des hectares et des hectares de sites classés en risque majeur Seveso. Encore aujourd'hui, alors que nombre de ces géants de l'industrie ont fermé ou délocalisé, il est compliqué de réinstaller de l'activité humaine tant les sols y sont pollués.

Mais, de tout cela, on ne parlait pas du temps d'Albert. Seuls restent en mémoire les grands accidents industriels, les « catastrophes ». Personne ici n'a oublié ce matin de janvier 1966 où une immense boule de feu a jailli des cuves de pétrole juste en face de l'usine Ciba, sur la rive droite du Rhône. L'incendie de la raffinerie de Feyzin a tué ce jour-là dix-huit personnes. Six mois plus tard, une autre explosion à Rhône-Poulenc soufflait cinq autres vies. Albert évoquait parfois les risques du métier, il parlait des gaz toxiques manipulés à l'usine. Le phosgène notamment, gaz mortel utilisé pour les armes chimiques mais aussi par l'industrie chimique pour fabriquer des polymères (il a été interdit depuis). Le phosgène a l'odeur du foin coupé et s'attaque aux alvéoles pulmonaires de ceux qui en inhalent. Les ouvriers parlaient de la dangerosité à manipuler ces produits instables, parfois même avec une certaine fierté de savoir jouer avec ce feu, mais ne s'étendaient pas sur ce qu'ils pouvaient provoquer à long terme sur leurs organismes. Corps fatigués que les produits rongeaient en silence.

Albert est mort à 57 ans, mais son fils aîné se souvient que, depuis longtemps, on lui donnait dix ans de plus que son âge. Sur la dernière photo que Franck a conservée de son père, on distingue un homme à la silhouette immensément longue, dont le visage est en partie dissimulé par une épaisse moustache, des lunettes de soleil et une casquette plate. Il porte un tee-shirt CORSICA et regarde probablement Denise, qui prend la photo. Le cliché date d'un voyage en Corse. Les dernières vacances d'Albert. Cet été-là, Albert aurait aimé traverser l'Atlantique et visiter le Canada. Mais l'oncologue n'a pas voulu qu'il monte dans un avion. Les poumons n'auraient pas tenu la pression. Alors ils sont allés en Corse. Même malade, on ne ratait jamais les vacances. Repos sacré de l'année.

Albert est né en mai 1936, quelques semaines avant les premiers congés payés, dans une famille d'ouvriers de Saint-Fons. Les aïeuls du côté paternel étaient arrivés d'Italie en Savoie au cours du siècle précédent. Puis ils avaient migré vers ce bassin lyonnais où l'on embauchait alors à tour de bras. Albert n'a pas vraiment choisi son métier, il est entré à la Ciba à 14 ans après le certificat d'études parce que son père y travaillait déjà et a pu le faire embaucher en apprentissage. On appelait ça « l'école de la chimie » : l'usine formait ses ouvriers encore adolescents au métier avant de les avaler, souvent pour le reste de leur vie.

Albert a été toute sa vie OS, « conducteur de produits chimiques ». Il a quitté l'usine une première fois pour partir faire la guerre. De 20 à 22 ans, il est envoyé en Algérie. Puis retour à l'atelier au début des années 1960. Une seconde fois durant plusieurs mois au début des années 1970, lorsqu'il attrape la tuberculose et doit partir se faire soigner à la montagne. Entretemps, il a rencontré Denise, elle aussi ouvrière. Elle travaille dans le traitement des métaux dans une petite entreprise de Saint-Fons, où elle nettoie des pièces avec des acides. « C'était pas terrible non plus », concède-t-elle. Albert et Denise se marient en 1961. Quelques mois plus tard, le père d'Albert meurt, il avait 49 ans. Lui non plus n'aura jamais atteint l'âge de la retraite. « À l'époque, on ne disait pas que c'étaient des cancers, explique Denise. Mais c'est bien la même chose, ils étaient empoisonnés à petit feu par les produits chimiques. » Lorsque est né Franck, l'aîné de leurs trois fils, Albert n'a plus voulu que Denise travaille. Il disait que si on faisait des enfants, c'était pour les élever. Elle n'a plus touché aux acides.

Le jeune couple peut alors se le permettre, la Ciba, c'est une bonne place. « Mieux encore que la Rhodia ou Rhône-Poulenc », précise Denise. Peut-être, pense-t-elle, parce que les patrons étaient suisses. À la Ciba, Albert a toujours eu le treizième mois, versé comptant en février. Et même un quatorzième mois certaines années, en fonction des résultats du groupe. Sans compter les primes pour les anniversaires de l'usine. Les 50 ans, les 75 ans… Mais surtout, il y a le « CE », le comité d'entreprise, un des meilleurs du couloir de la chimie. Grâce au CE de la Ciba, Franck et ses frères partent en colonie à toutes les vacances. Ils prennent le car devant l'usine. L'hiver, ils apprennent à skier, comme des enfants de bourgeois. Pour Noël, il y a les cadeaux du CE, ils peuvent même les choisir à l'avance. Franck se souvient aussi de repas offerts dans des restaurants dits « gastronomiques » où l'on mange des langoustines ou des vol-au-vent. Le comité d'entreprise est la partie visible et sympathique de l'usine où s'échine le père.

La famille grandit dans les tours du quartier des Minguettes à Vénissieux, sur la colline qui domine le couloir de la chimie. Les appartements y sont vastes et modernes. Au quartier, à l'époque, tout le monde est enfant d'ouvrier. Albert part tôt le matin, avant que les enfants ne se soient levés. Parfois même, il est « de nuit », car l'usine fonctionne en trois-huit. Albert est un taiseux. De l'usine, il ne rapporte que peu de paroles, quelques anecdotes parfois, et cette poussière de bleu que recrache parfois son corps. Exceptionnellement du rouge ou du vert, lorsqu'il est affecté à un autre atelier. Le soir, devant la télévision, c'est toujours Albert qui choisit le programme, pour invariablement s'endormir devant le poste. Ça énerve Franck. L'adolescent juge son père casanier. Il réalisera plus tard qu'il était juste épuisé.

Albert est syndicaliste cégétiste, et communiste. Mais jamais il ne parle politique. Franck n'a aucun souvenir de son père allant manifester pour quoi que ce soit. La politique, comme le travail, ne sort pas de l'usine. Il est en revanche de toutes les grèves. Denise dit : « Quand fallait faire grève, mon mari n'a jamais fait le renard. » Certaines, dans les années 1960 et 1970, durent. Et parfois elles sont violentes, il est arrivé qu'il y ait de la casse dans les ateliers et que ça se retourne contre les ouvriers. Personne ne se souvient vraiment des revendications syndicales de l'époque. Mais il n'était pas question des risques sanitaires. L'expression « maladie professionnelle » ne fait pas encore partie du vocabulaire syndical. Ouvrier dans la chimie, ça vous ruine la santé, tout le monde le sait. Mais, comme le répète Denise, « c'était comme ça ». Franck s'est fait la remarque : la plupart de ses oncles sont morts jeunes, avant la retraite, ou pas longtemps après. Les pyramides des âges familiales étaient ainsi dessinées. Il s'imagine parfois que son père aurait pu échapper à ce destin, devenir ingénieur, ou quelque chose comme ça. Il se souvient qu'Albert avait une sorte de don pour les maths. Il l'a aidé à faire ses devoirs jusqu'au lycée. Il aurait pu évoluer à l'usine, monter dans la maîtrise, mais il a toujours refusé, c'était son honneur de syndicaliste. Il avait choisi son camp, celui des ouvriers.

Et pourtant, toute sa vie, Albert n'a eu qu'une obsession, que ses fils ne deviennent pas ouvriers à leur tour. Que la reproduction sociale qui avait fait de son père, de ses grands-pères et arrière-grands-pères des ouvriers s'arrête net à la génération de ses fils. L'école sera leur planche de salut. La menace est mille fois rabâchée à Franck : « Si tu ne travailles pas à l'école, tu finiras à l'usine. » Il est surveillé comme le lait sur le feu. La bibliothèque de quartier est longtemps la seule sortie autorisée. Lorsque Franck et ses frères commencent à grandir et que les dépenses de la famille augmentent, Denise se remet à travailler, elle garde des enfants à domicile. Puis elle devient gardienne pour un office HLM. Albert cumule des boulots chez des petits patrons en plus de l'usine. Quand il est de nuit, il enchaîne le matin. Quand il est du matin, il y va l'après-midi. Franck mesure maintenant à quel point ses parents se sont sacrifiés pour offrir à leurs fils une autre vie que la leur.

À la fin des années 1970, le quartier des Minguettes n'est plus le symbole de la France qui réussit, il se paupérise, son tissu social commence à se déchirer. Albert et Denise veulent extraire leurs enfants de cette marmite qui commence à chauffer, ils descendent la colline et s'installent dans un des quartiers pavillonnaires voisins, le Moulin-à-Vent, dans un petit pavillon où Denise vit toujours. Franck a bientôt 15 ans. Et dans ce nouveau quartier, puis au lycée général, il découvre d'autres milieux sociaux. Alors qu'en haut de la colline, aux Minguettes, la jeunesse se révolte en brûlant des voitures, symboles fumants sur les écrans de télévision de ce que les médias nomment pour la première fois en France des « émeutes urbaines ».

Quelques centaines de mètres plus bas, dans son nouveau quartier, son nouveau lycée, Franck fréquente désormais des fils de profs, de cadres. Et la vie de ses parents se reflète soudain dans un autre miroir social et politique, un paysage bourgeois où l'on ne se tue pas à la tâche, et où l'on critique l'ordre social des choses. Les nouveaux copains ont une conscience politique. Franck commence à questionner la vie de ses parents, qui, jusque-là, lui semblait être la normalité. Il a 16 ans. Les silences de son père lui apparaissent comme une forme de résignation à son sort. Et ils lui sont insupportables. Sa conscience politique se forge pas à pas. Au départ, cela ressemble juste à de la colère brute, teintée d'un peu de honte aussi peut-être. On est au tout début des années 1980, Franck se fait punk, tendance nihiliste. Quelques décennies plus tard, il résume l'état d'esprit du moment: « J'en avais rien à branler de rien. » Un soir, au cours du repas familial, il dit à son père que jamais il ne fera un boulot de con comme lui. Albert se lève et le gifle. Première et dernière fois. C'est Denise qui raconte cet épisode. À la fin de son année de première, Frank redouble. Albert l'envoie travailler l'été à l'usine. C'est une punition. Un échantillon de la menace répétée depuis l'enfance. « Si tu ne travailles pas à l'école, tu finiras à l'usine. » Franck est à l'atelier des colorants. À 17 ans, il se prend dans la figure la dureté de la vie de labeur de son père. À cette époque-là pourtant, on disait que les conditions de travail s'étaient améliorées. Il y avait des protocoles, des masques, des lunettes de protection… Franck peine à imaginer comment cela pouvait être avant. « C'était dégueulasse, inimaginable. L'odeur. La saleté. La chaleur. La fatigue. Tout était infernal. » Franck décrit les effluves âcres de l'ammoniac. Et le bleu dont il n'arrive pas à se débarrasser dans le temps de la douche réglementaire.

La stratégie paternelle consistant à tremper le fils dans le bain acide de l'usine est efficace. Au lycée, il se remet aussitôt au travail. Franck retourne à l'usine trois étés de suite. Il sait désormais. Que jamais il ne travaillera en usine, ni même pour un patron. Il a la haine. Il ne veut pas vivre comme ses parents. Il ne veut pas mourir comme son père. Dans sa première jeunesse, il ne veut d'ailleurs pas travailler du tout. Puis il trouve un compromis, ce qu'il nomme le « fonctionnariat », une profession intellectuelle doublée de l'idée d'être utile à la collectivité. Franck a fait des études supérieures d'histoire et de langue arabe. Il est devenu bibliothécaire. À 55 ans, il est coordinateur de la bibliothèque d'un centre de recherche universitaire lyonnais. Il est le premier homme de sa lignée dont l'espérance de vie n'est pas déterminée par sa profession. Il aime son travail et préfère d'ailleurs ne pas penser à la retraite, qu'il espère la plus tardive possible. Cet hiver, pourtant, Franck était de toutes les manifestations. La mort de son père est restée la matrice de ses engagements politiques.

Pour Albert, la retraite demeurait l'horizon d'une vie de labeur. La ligne de cet horizon a commencé à s'effacer avec l'annonce du premier cancer. Albert avait 51 ans, et il devenait de plus en plus probable qu'il n'atteindrait pas les 60. Mais, avec Denise, ils ont fait « comme si ». Se rêvant une retraite de voyages. Albert était amateur de rugby, il avait un projet bien défini pour la première année de retraite : ils iraient voir un France-Écosse… en Écosse. Albert n'avait pas de hobbys particuliers. À la retraite, il se serait occupé de ses petits-enfants. Il disait qu'il aimerait avoir des petites-filles, pour changer de ses trois garçons. « Il n'aura jamais connu cette joie », dit Denise.

Après la mort d'Albert, il a fallu continuer à vivre. Denise conserve un souvenir flou de cette période de tristesse. Elle a continué à travailler à l'office HLM, complétant son petit salaire avec la pension de veuvage. Elle se souvient qu'il a fallu se battre pour faire valoir les droits d'Albert. Des batailles de paperasse avec l'armée pour faire reconnaître ses trente-deux mois en Algérie. Batailles perdues, elle a fini par renoncer. Par chance, les garçons commençaient à se débrouiller seuls. Franck venait de rencontrer celle qui deviendrait son épouse et la mère de leurs trois filles. Denise a pu prendre sa retraite à 60 ans. À l'époque, il fallait 39 trimestres et demi. Avec les trois enfants, elle avait le compte, alors elle n'a pas hésité. Elle aussi était épuisée. « Gardien, faut pas croire que ce n'est pas fatiguant, on en a à gérer, des problèmes avec les gens… » La retraite est maigre, « une retraite de femme calculée sur des salaires de femme », résume Denise. En tant que veuve d'employé de l'usine, elle peut cependant continuer à bénéficier des œuvres du comité d'entreprise. Alors, à la retraite, elle voyage. Seule. Angleterre, Irlande, Croatie, Norvège… Chaque année, Denise participe aussi au banquet annuel des anciens de la Ciba. Mais au bout d'un moment il n'y a plus eu que des veuves autour de la table. « On parlait des maris qui étaient morts, c'était pas gai. » Les concours de boules et de tir aux pigeons où se retrouvent les retraités de l'usine s'arrêtent, faute de participants. C'est bien simple, des anciens de l'usine, Denise n'en connaît qu'un seul qui ait survécu. L'usine, elle, a fermé dans le courant des années 2000. Le site a été rasé. Remplacé par d'autres usines chimiques aux façades plus aseptisées.

Denise a maintenant 85 ans. Cela va faire trente ans cette année qu'Albert est mort. Chacun fait ses calculs. Denise mesure qu'elle aura passé presque autant de temps veuve que mariée. Franck, lui, réalise qu'il s'apprête à atteindre l'âge de son père lorsqu'il est mort. Il ne sait pas trop quoi faire de ce télescopage.

Aucune de ses trois filles n'a connu son grand-père. Pour elles, il se résume à la photo d'un homme moustachu dans le salon du pavillon de Saint-Fons. Violette, la cadette, dit : « Je ne connais rien de ce monsieur, à part sa mort. » Et encore, pendant longtemps, elle ne savait pas vraiment de quoi il était mort. Quand elle était petite, elle avait entendu dire que ce grand-père avait fait la guerre, elle en avait déduit qu'il était donc mort au combat. Comme une sorte de chevalier. Puis Violette a grandi, dans cette famille d'intellectuels engagés à gauche et préservés des dangers du travail ouvrier, et elle a voulu savoir qui était l'homme à la moustache sur la photo. Elle a voulu savoir quelle était son histoire familiale, d'où elle venait. Elle s'est rendu compte que le monde ouvrier lui était totalement inconnu.

Violette a aujourd'hui 21 ans, elle est étudiante en histoire à l'université Lyon 2 et s'est lancée dans un mémoire sur l'impact de la pollution sur l'espérance de vie des ouvriers. Elle explique que c'est une façon pas tellement détournée de se rapprocher de son père. « Je n'ai jamais vraiment osé poser de questions à mon père sur son père, car il n'en parlait jamais. Je pensais que c'était trop douloureux peut-être. Là, j'ai une sorte d'excuse scientifique pour aborder le sujet. » Violette découvre que l'histoire de son grand-père est celle de milliers d'ouvriers. « Je comprends que sa mort n'est pas une petite histoire isolée. » Elle découvre la vie de ces travailleurs à qui l'on a si longtemps refusé de reconnaître des maladies professionnelles. Ceux à qui on disait qu'ils mourraient non parce qu'ils étaient ouvriers, mais parce qu'ils vivaient comme des ouvriers. Qu'ils buvaient, qu'ils fumaient. Albert avait arrêté de fumer depuis quinze ans quand il a eu son cancer. Violette apprend que la notion de santé au travail est une préoccupation très récente, ses recherches lui révèlent une violence dont elle ignorait presque tout. Elle se revendique d'une génération qui n'accepte pas que le travail puisse abîmer. Cet hiver 2023, elle était dans la rue contre la réforme des retraites, souvent en famille. Et elle pensait à Albert.

Mohamed

par Ramsès Kefi

Vergès

Automne 2001.

Le portefeuille était sous la chaise, dans une sandwicherie aux murs bronzés, comme s'ils avaient aussi baigné dans la friteuse. C'est moi qui l'ai trouvé, gisant sur le carrelage, et qui l'ai déposé au comptoir. Le taulier au sang chaud n'a pas tergiversé. Il a peloté l'objet de cuir avant de le fouiller à la va-vite. Aucun papier d'identité. De mémoire, juste des pièces qui n'achètent pas grand-chose et des tickets en pagaille, chiffonnés ou mal pliés – un authentique portefeuille de gars fauché. Quelques minutes après que le gérant l'eut rangé sous la caisse, le Tunisien est entré. Comme à son habitude, il boitait. Sa jambe droite ne se pliait plus vraiment. Un vieil accident.

« Il est là, mon portefeuille ? »

Oui, il est là.

Une mauvaise langue de la ville avait surnommé le Tunisien « Cinquante-Cinquante », à cause de ses vêtements. Le haut était souvent chic, comme sa longue veste bleu nuit qui affinait son corps moelleux. En bas, c'était l'abandon : il portait des pantalons trop larges, qui plongeaient sur ses chaussures comme des rideaux. Le Tunisien vivait dans une commune de la banlieue ouest, coincée entre HLM et forêt, à une quarantaine de kilomètres de Paris. La culture ouvrière y supplantait toutes les autres et la valeur d'un homme se mesurait à sa capacité de travail. Plus il turbinait et s'épuisait, plus il était encensé dans la ville – les gens les meilleurs étaient ceux qui souffraient.

Partant de cette grille de notation, le Tunisien, qui habitait un bloc propret, se classait parmi les cancres. Il touchait sa bille en plomberie. Savait trifouiller le bois et les voitures. Un bricolo polyvalent, malin et rapide sur les chantiers. Mais ses rares amis le dépeignaient en flemmard magnifique, tendre synonyme de fainéant – un gros mot ici. Le Tunisien ne bossait que par intermittence et lorsqu'il en avait envie. Les Assedic, l'intérim et les plans au noir lui convenaient. Les jours inspirés, il résumait, en arabe, sa philosophie en cinq mots : « Je leur pisse tous dessus. »

Tous, c'est-à-dire ceux qui notent.

Le Tunisien a béni le taulier de la sandwicherie, lequel m'a montré du doigt. C'est moi, lycéen en survêtement Tacchini, qui avait retrouvé son portefeuille. Donc c'est à moi qu'il fallait souhaiter le bonheur jusqu'à la mort et le paradis une fois la faucheuse rassasiée – ses bénédictions étaient aussi douces qu'interminables. Je le connaissais. Il avait quoi ? presque 50 ans à l'époque, dont trois décennies passées dans la région. Paris, où il avait longtemps vécu, lui manquait très fort. La banlieue le barbait, surtout la nuit. Il n'a jamais vraiment encaissé le passage de la Ville Lumière à la cité-dortoir, où tout s'éteignait à 19 heures. Mais il n'avait plus les moyens d'y retourner et, probablement, plus la force.

Le portefeuille ? Il lui importait peu. C'était le bout de papier à l'intérieur qui l'intéressait. Dessus était inscrite l'adresse d'une avocate en Tunisie, où il était né au début des années 1950, dans une famille d'ascendance rurale, ni riche ni pauvre. Au pays, il disait posséder une maison, dans une ville du Nord-Ouest où les gens mangent le couscous sucré et regardent leurs rêves ricocher contre les montagnes. Là-bas, il était embourbé dans une guerre de « colonisation » : il réclamait à son voisin un bout de terrain, qui lui appartiendrait. Le conflit traînait. De temps à autre, le Tunisien contactait des avocats pour sortir de ce bourbier. Il en plaisantait : « Si j'étais riche, j'aurais pris Vergès. »

Le Tunisien voulait, comme d'autres immigrés, finir sa vie pépère au pays. La retraite n'était pas si loin. Sa pension serait mince – trop de black et d'inactivité – mais suffisante au bled, selon ses calculs. Il envisageait des travaux dans sa maison et lâchait des chiffres à la volée quant au budget. «Mille», «un million», «cent mille», sans que l'on sache s'il comptait en euros, en francs ou en dinars, ou en centimes de dinars. En cet automne 2001, il commençait déjà à perdre pied. Il se voyait reprendre des chantiers avant la quille, pour retourner dans sa montagne en majesté. Genre, trimer du lundi au dimanche. Genre, se remplir les poches coûte que coûte. Mais qui pouvait croire ça? Il aimait beaucoup trop flâner et mater la télé jusqu'à 2 heures du matin pour s'esquinter au boulot. Sa poignée d'amis avaient tout résumé: ça faisait un paquet de lunes qu'il avait perdu l'habitude de charbonner.

Avant de quitter la sandwicherie, le Tunisien a glissé sa main dans sa veste. Il en a tiré une photo de cette fameuse maison, prise en 1986 – il a assez répété la date pour que je la retienne. Le cliché était plié en deux, abîmé à force de déménager de poche en poche. Il posait devant la porte, en short, accroupi, pas encore boiteux mais déjà enrobé. Son chapeau aplatissait sa tignasse laineuse. Le Tunisien a baptisé cette maison *El Ksar* – le palais, en arabe –, qui lui avait coûté «douze Smic et des poussières». Soit pas grand-chose. *El Ksar* comportait deux étages et une terrasse, sur laquelle il aimait fumer à l'aube, avec son kawa serré, un pain beurré et une poignée de noix.

Loups

Le Tunisien était d'une politesse rare. En français, il vouvoyait tout le monde, quitte à s'arranger avec les conjugaisons. Même ses copains les plus proches avaient droit au « vous ». Dans la rue, ses poignées de main duraient une trotte. Tant qu'il n'avait pas terminé de bénir, il ne lâchait pas la pogne. Ses dents étaient zébrées : le satané binôme café-clopes avait rayé leur émail. Personne ne l'appelait par son prénom, Mohamed. Dans la banlieue ouest, les Tunisiens furent longtemps aussi rares que des loups : dès qu'il en apparaissait un, il était ramené de facto à son drapeau. Et dès que deux Tunisiens s'y croisaient, ils se saluaient souvent par un *Tahia Tounes !* – vive la Tunisie ! – comme s'ils étaient les derniers représentants d'une lignée impériale.

La peau du flemmard magnifique était très mate et ses traits épais comme ses cheveux. Sa chaîne en argent semblait toute minus à cause de son large cou. Il avait du chien. Une gueule. Une voix rocailleuse, d'où sortaient des mots et des phrases milk-shake : Mohamed mélangeait français, dialecte de son terroir, arabe littéraire et quelques mots d'allemand – sa première compagne en France était une Suissesse.

Parfois il roulait les *r* et déformait le nom d'une ville ou d'un ministre. Et parfois il parlait un français quasi parfait, avec un accent trop léger pour être retracé. Ça dépendait des jours.

Mohamed est arrivé en France au début des années 1970, ou un poil avant. Pour en être ! C'était la ruée vers l'or, que des anciens racontent comme un braquage légal. Tu viens, tu bosses, tu prends le maximum de billets et tu rentres au pays monter un empire prospère – une épicerie, des appartements à louer, un café. Sauf qu'à la fin, beaucoup se sont fait braquer par l'exil. Dépressions, addictions, errances, morts solitaires. Au départ, Mohamed se voyait rester dans le sud de la France, où son bateau l'a déposé. Et puis les trois copains avec qui il a débarqué l'ont convaincu de grimper à Paris. Il travaillait, claquait des sous dans les beaux habits et picolait les alcools qu'il voyait dans les films.

Les Trente Glorieuses avaient transformé le marché de l'emploi en saloon – « Tu poussais une porte et tu avais un boulot », martèlent encore ces anciens. Le Tunisien était encore plus euphorique que ça : les dix premières années de son exil, il s'est senti riche. Il lui arrivait de ne plus laver son linge sale, surtout les chaussettes. Il les jetait à la poubelle et en achetait d'autres. C'est au cours de cette décennie d'abondance qu'il a rencontré la Suissesse, avec qui il s'est installé quelques mois à Paris, avant la rupture, dont les détails tiennent sur un Post-it. « Elle est partie avec un Suisse. » Ça lui semblait logique.

Dans les années 1980, le Tunisien s'est maqué à une femme aux mêmes racines que lui. Ses copains de chantier se mariaient tous. Sans conviction, il les a imités. Elle était belle quand il l'a rencontrée. Et lui se sentait léger. *Yé hassra* – c'était le bon temps, en arabe. Il écoutait Claude François et les divas d'Orient, prenait le métro, tapait le carton et fumait des Marlboro à la chaîne, même au lit. C'est le mariage et les projets d'enfants qui lui ont fait quitter Paris. Comme ses potes. La banlieue était vendue aux classes ouvrières comme les Seychelles. Une baignoire, un salon immense, un loyer à prix d'ami, des fenêtres qui donnent sur la nature. Mohamed a foncé, avec une certitude : si ça ne marche pas, il repart à Paris.

Yé hassra

Rapidement, la vie avec sa femme est devenue un enchaînement de disputes, de trêves, de promesses intenables et de routine pourrie. Mohamed était un solitaire et ne l'a jamais nié. Il aimait, mais par à-coups. Quand on a la bague au doigt, ça veut dire aimer mal. Chez lui, il pouvait se comporter comme un sale con et se mettre en colère pour walou. Retourner une table sans raison, balancer une assiette contre le mur, se lancer dans de longues tirades ponctuées d'insultes. Mais, aimer par à-coups, c'est aimer quand même. « Il embrassait le front de sa femme comme le plus romantique des valentins », confiaient ses amis. Ils ont eu trois fils, avant de se séparer à la fin des années 1990. Son épouse est partie, avec ses gamins, ados. Lui est resté errer dans cette banlieue métisse, mi-gris béton, mi-vert forêt. Il créchait à droite, à gauche.

Libye

Peu importe la veste qu'il portait, Mohamed gardait toujours sur lui cette photo d'*El Ksar*. S'il avait pu, il se la serait montée en pendentif. Elle était un concentré de nostalgie et une rescapée de sa connerie. Le flemmard magnifique a paumé tous ses souvenirs par inadvertance. En rangeant sa cave, il a bazardé un vieux sac renfermant des dizaines de photos du bled. Celles de ses parents, de ses frères et sœurs et de cette maison à deux étages. Impossible de les récupérer : tout était en Tunisie. Et ses relations avec les siens étaient devenues exécrables.

Dans les années 1990, il avait cessé d'aller au pays. Ou bien très peu. Trop de problèmes de famille, qui lui torturaient le chou. Trop de soucis d'argent : la flemme magnifique n'est pas un projet lucratif. Plus le temps passait et plus ses poches tâtaient le vide.

On l'apprendrait plus tard, mais le Tunisien s'était endetté, à cause de projets foireux – un garage et une sandwicherie qui n'ont jamais vu le jour. Ses associés ont pris les sous et l'ont laissé à poil. Ses créanciers lui mettaient une pression permanente. Alors il empruntait aux uns pour rembourser les autres.

Il prenait des nouvelles du bled par téléphone. Des petits coups de fil qui ne s'éternisaient pas. Il avait remis les grandes discussions et la paix à plus tard. Quand il serait rentré, à la retraite. Comme si celle-ci pouvait tout résoudre d'un coup et corriger le passé. Des Tunisiens de sa région, exilés à Paris, le rancardaient aussi sur ce qui se passait à la montagne. « Untel est mort » ; « Unetelle est malade » ; « Untel s'est marié » ; « Unetelle vit désormais en Allemagne ». Plus les nouvelles étaient mauvaises, plus il se sentait coupable et s'éloignait du pays. Ces messagers lui proposaient très souvent un bon compromis : quand ils passeraient une tête au bled, il n'aurait qu'à les accompagner. Comme ça, il ne serait pas seul. Il déclinait. Pas maintenant. À la retraite. En attendant son retour définitif, c'était l'un de ses frères qui gardait les clés d'*El Ksar*. Du moins, c'est ce qu'il disait : « Mon frère, le seul en qui j'ai confiance, veille dessus. »

Quelques mois avant sa disparition, le Tunisien, chaque mois un peu plus boiteux, divaguait en continu sur le bled. S'il ne parvenait pas à se refaire avant la retraite, il partirait turbiner en Libye, où des

Maghrébins faisaient des paquets de sous. Ou bien il se lancerait dans un business de vente de voitures entre la France et l'Afrique du Nord, qui avait fait la fortune de débrouillards. Mais que racontait-il ? Il pouvait à peine travailler. Et puis, il n'y avait guère de boulot pour les seniors de l'exil comme lui. Ni à Paris ni à Tripoli. Il s'approchait à grandes foulées des 60 ans, mais parlait comme s'il en avait 30.

Ses vieux copains le regardaient s'enfoncer, impuissants. Souvent, ils se souvenaient de la générosité du Tunisien. Dans ses années d'abondance, il prêtait des sommes d'argent colossales. Qu'il ne réclamait jamais, par pudeur, mais pas que. Le Tunisien était persuadé que l'abondance durerait ad vitam. Il ne l'a pas entendue se barrer. Ou bien il ne l'a pas accepté. Il divaguait, divaguait, divaguait, jusqu'à imaginer un troisième étage pour *El Ksar*, alors qu'il n'avait quasiment plus un euro depuis dix ans. Un étage de plus, au cas où ses fils voudraient passer les vacances au palais avec leurs copains, ou plus tard, avec leurs enfants. Il s'était très peu occupé d'eux en France, mais se projetait en famille en Tunisie.

À la vérité, son quotidien se flétrissait à mesure que ses cheveux et sa barbe fine blanchissaient. Lui qui détestait être taxé d'une cigarette s'était mis à le faire. Lui qui aimait la bonne bouffe dînait en fourrant un gruyère d'imitation dans une baguette. Il n'allait plus à la mosquée, lui qui avait lâché la bouteille, les cartes et les cabarets après son mariage. Il priait chez lui, en solo, dans cette banlieue où la valeur d'un homme s'y mesurait aussi à l'aune de ce qu'il avait bâti au pays. À ses sacrifices pour posséder une maison là-bas, quitte à mener une vie de trimard au milieu des HLM. Les mauvaises langues n'épargnaient pas ceux qui n'en possédaient pas. « Le pauvre, il a travaillé en France pour rien. » Soit un exil foiré. Soit une vie ratée. Partant de cette grille de notation, le Tunisien était un homme. Ça ne faisait aucun doute. Sa photo en témoignait : il était propriétaire d'un palais, là-bas, vers la montagne.

Les clés

Le Tunisien a cessé d'apparaître en 2011. C'est vrai qu'il se faisait plus rare, à cause de séjours à l'hosto. À cause de ses virées à Paris, où il s'était, paraît-il, rapproché d'anciens copains. Il rentrait de plus en plus tard dans la banlieue ouest. Un jour, ses voisins et ses amis se sont inquiétés. Les semaines défilaient sans lui : où diable est le Tunisien ? Il avait vraiment disparu. Sa porte, ses fenêtres et ses volets restaient clos. Un vieil ami, qui avait une clé, est entré chez lui. Personne. Qui sait, il n'habitait peut-être plus là. À la fin, Mohamed était nomade. Et moins causant. Les premières rumeurs ont commencé par s'entrechoquer, sans que personne puisse les confirmer.

« Mohamed est rentré au pays » ; « Mohamed a fait une crise cardiaque » ; « Mohamed a déménagé » ; « Mohamed est devenu fou » ; « Mohamed est reparti vivre avec sa femme » ; « Mohamed est mort » ; « Mohamed vit à Paris » ; « Mohamed s'est remarié »…

Ses enfants juraient qu'ils ne savaient rien, mais pensaient qu'il était probablement au pays, vu que la Tunisie lui manquait plus que d'habitude. Ces derniers temps, c'est ce qu'ils avaient senti. Eux n'avaient que très peu de lien avec le bled. Et vraiment, ils ne pouvaient rien en dire – avec leur père, c'était toujours compliqué. Ce scénario était réconfortant pour ceux qui l'appréciaient : le Tunisien est dans son palais – c'est mieux que dans son HLM. Mais les gamins mentaient. Du moins à moitié : il était bel et bien rentré au pays, mais pour y être enterré. La nouvelle devint officielle en 2013. Mohamed ne profiterait jamais de sa retraite. Ni ici ni là-bas. « Paix à son âme. *Yé hassra*, le Tunisien… » Les détails de l'histoire sont arrivés des mois plus tard, comme une lettre qui se serait perdue. Hedi, l'un des gars les plus proches du Tunisien, avait mené sa petite enquête. Et convaincu l'un des fils de Mohamed de tout lui raconter.

Un après-midi, le cœur du flemmard magnifique s'est arrêté dans un hôpital dont Hedi a oublié le nom. Aucune souffrance. Il n'avait rien de grave, mais la mort n'avait probablement rien d'autre à se mettre sous la dent. Il était sur sa route. Elle l'a chopé. Les enfants ont accompagné le cercueil au pays, où ils ont été surpris de la tendresse que leur père suscitait. Dans la banlieue ouest, le Tunisien était un ouvrier, un père et un mari intermittent. Au bled, les gens se souvenaient d'un artisan doué et bosseur, passionné de boxe, de clopes et de poésie.

Ses gamins ont ainsi vu *El Ksar*, dont ils n'hériteraient pas. La maison sur la photo n'appartenait plus depuis belle lurette à Mohamed. Au cours des années 1990, il l'avait vendue à son frère, à contrecœur et en cachette. Il avait des dettes et besoin de cash, même en dinars. Mais le Tunisien avait promis de la lui racheter plus tard. Très vite, son frangin avait compris que ce jour-là n'arriverait jamais. Alors, il avait proposé un plan B à Mohamed. S'il parvenait à récupérer le terrain contesté au voisin, il lui ferait construire une maisonnette dessus. Un petit palais, pour sa petite retraite. L'affaire était semble-t-il bien embarquée. Mais le cœur du Tunisien était trop fainéant.

Renée

par Haydée Sabéran

L'usine est immobile. Sur les chaînes de montage, les valises inachevées semblent attendre que tout redémarre. Que le bruit redémarre, les *pschiiiii !* des machines à injection, les *clac !* de la découpeuse, la radio RTL en fond sonore. Le 29 janvier 2007, à Hénin-Beaumont, dans le Pas-de-Calais, l'unique usine Samsonite en France s'est arrêtée. Elle ne s'appelait déjà plus Samsonite, mais c'est une autre histoire. Le matin même, en réunion, le directeur du site s'est tourné vers les syndicalistes.

« Je n'ai plus d'argent pour les salaires. Mais il faut continuer à travailler. J'aimerais que vous l'annonciez aux salariés.

– Vous leur direz vous-même. »

On ne sait pas qui a répondu ça. Peut-être que c'était Renée. Ça lui ressemble. Le directeur s'est résigné à entrer dans l'atelier, il est monté sur un tas de palettes et il a commencé à expliquer. Il n'a pas eu le temps de finir sa phrase. Il y a eu des cris, les conducteurs de chariots élévateurs ont empilé de quoi brûler, on a sorti des bennes en métal et le piquet de grève a démarré. L'occupation a duré six mois.

Je croise Renée Ponthieu quelques jours plus tard, en février, dans l'usine occupée. J'ai rendez-vous avec ses collègues de la CGT. Ce n'est pas elle que je remarque en premier, mais toutes les femmes. Le groupe. À Samsonite, huit salariés sur dix étaient des femmes. Je suis subjuguée. L'usine est morte et des dizaines de femmes tricotent dans le local syndical. Des écharpes poilues aux couleurs vives. On dirait une blague. Elles s'assoient sur les genoux les unes des autres, mangent du chocolat, rient aux éclats, racontent des histoires de travail. Dans ce Nord–Pas-de-Calais où je vis, j'en ai vu mourir, des usines. Metaleurop, Lu, la Seita… Je n'ai jamais vu une ambiance pareille. Un mélange de chaleur, de rire et de déprime.

« J'ai peur de ne plus venir ici. Le matin, je me lève, j'ai besoin d'être là.

– Tu te souviens des nouvelles qui prenaient la porte du placard pour sortir de l'atelier ? On les regardait. On rigolait.

– On devrait toujours faire grève avant de bosser ensemble.

– On mange trop ici, on grossit.

– T’inquiète, c’est plein de magnésium. »

Elles tricotent pour ne pas penser à la suite. Pas Renée. Je la revois, à l’entrée du local, avec les autres délégués. Son visage rond, son brushing blond, son air grave. Elle me résume l’histoire. L’usine Samsonite ne s’appelle plus Samsonite mais Energy Plast. Elle a été vendue deux ans plus tôt à des repreneurs pour un euro. Offerte. Avec un paquet cadeau : entre 5 et 9 millions d’euros – selon les versions – pour convertir le site en fabrique de panneaux solaires. « Ça coûtait moins cher que de nous licencier tous, dit Renée. Un plan social, c’était entre 15 et 20 millions d’euros. » Pas un seul panneau n’est sorti de l’usine. Les ouvrières ont continué à produire des valises, mais seulement pour les supermarchés – Samsonite avait interdit les maroquineries aux repreneurs. Les millions ont été bouffés. Les trois repreneurs ont fait semblant de remettre la boîte sur les rails. Puis détourné 2,5 millions. Puis placé l’entreprise en liquidation. En juillet 2012, ils sont condamnés respectivement à un an, dix-huit mois et deux ans de prison ferme. Et à rembourser l’argent volé.

Ça sentait tellement le roussi que les salariées avaient fait appel à l’avocat Fiodor Rilov dès l’automne. Il a débarqué. Grand, le cheveu ondulé, souriant, pédagogue. Du haut de son mètre soixante-deux, Renée levait la tête pour l’écouter parler. Elle rigolait : « Fiodor, j’adore. » L’avocat se souvient de la première fois qu'il a vu l'ouvrière. « Renée, avec sa clope. Elle me scrutait avec un regard de vérificateur. Les autres étaient empathiques, chaleureuses. Elle, en retrait. Il fallait passer le contrôle. Sa fonction dans le groupe était de protéger les autres. Son silence disait : "On est toutes gentilles. Mais si vous ne rendez pas de gentillesse en retour, vous trouverez autre chose que des femmes qui tricotent et qui sourient". »

Le grand type a embarqué les Samsonite dans un marathon de procès qui dure encore. Elles ont suivi, en bus, en voiture, en avion, jusqu'aux États-Unis, où elles ont essayé en vain de faire reconnaître la responsabilité des actionnaires américains dans leur licenciement. Pour financer le voyage à New York, elles avaient lancé un appel aux dons sur le répondeur de *Là-bas si j'y suis*, l'émission de Daniel Mermet, sur France Inter.

En octobre 2012, Renée s'envole pour New York. C'est la première fois qu'elle prend l'avion. Dans sa valise Samsonite, elle a glissé le chiot en peluche de sa petite-fille Maëva, avec la promesse de se photographier avec. Renée vient d'avoir 60 ans. Avec Brigitte, sa copine du syndicat, et douze autres collègues, elle traverse l'Atlantique pour manifester aux côtés d'ouvriers américains contre le fonds d'investissement qui les a tous fait licencier cinq ans plus tôt. Le fonds s'appelle Bain Capital, il appartient à Mitt Romney, candidat contre Obama. Elle ferme la petite maison de brique rouge près du musée du Louvre-Lens où elle vit seule avec son cerisier et ses roses, où elle écoute à fond Johnny et Tina Turner. Quand elle monte dans l'avion pour la première fois ce 12 octobre 2012, Renée n'a plus que six mois et une semaine à vivre. Personne n'en sait rien. Même pas son médecin, qui lui a prescrit des antalgiques quand elle s'est plainte de douleurs au dos. Tout le monde voit que Renée a maigri, que ses gestes sont ralentis. Elle dit : « C'est rien, c'est mon diabète. » Ou bien : « Je vais m'acheter un matelas neuf. »

À New York, dans la petite chambre de l'immense hôtel bon marché où elle dort dans le même lit qu'elle, Brigitte met le réveil et se lève la nuit pour être sûre que Renée fait bien ses piqûres d'insuline aux horaires de France malgré le décalage horaire. Le lendemain, elle marche avec les autres, comme si de rien n'était. « Renée, c'était ma sœur », dit Brigitte d'une voix qui se fêle. Tenir le coup, c'est un peu une habitude. On a vu ses parents le faire. « Il fallait éviter de poser malade. Les trois jours de carence, ça compte sur un petit salaire. » Tout le monde faisait pareil. Quand une ouvrière avait une bronchite ou une angine, elle venait quand même bosser. Entre copines, on se donne un cachet. « T'as mal ? Tu prends quoi d'habitude ? » « Quand une fille est trop malade pour faire sa production, tu vas l'aider à finir. Les chefs, ça ne les dérange pas, du moment que le travail est fait. »

Renée n'a jamais su qu'elle avait un cancer. Personne ne lui a dit, même en soins palliatifs. « On a toujours fait comme si elle allait revenir, poursuit Brigitte. Un jour à la clinique, elle m'a dit "Brigitte, promets-moi que s'il m'arrive quelque chose, tu vas continuer". Elle a bien senti que son corps s'en allait. » Continuer la lutte contre Samsonite et les actionnaires du fonds d'investissement américain.

Quand Renée est rentrée de voyage, sa sœur Marie-Thérèse ne l'a plus lâchée jusqu'à ce qu'elle aille voir un médecin sérieux. Fin janvier, elle est rentrée à l'hôpital pour des examens. Elle n'en est jamais ressortie. Le 19 mars, c'était fini.

J'ai demandé à voir la maison de son enfance. À travers la campagne entre Vermelles et Vendin-le-Vieil, les terrils au bout de l'horizon, je suis la Citroën ZX de Marie-Thérèse. Elle a 72 ans, tout le monde l'appelle Thérèse, la grande sœur de Renée, de vingt mois son aînée. « Elle née là, Renée. » La façade de la maison se lézarde, la peinture s'écaille. La voisine dit qu'elle va être rasée. Renée est la deuxième de cinq enfants. Elle a grandi dans cette maison des mines, collée à celle de la grand-mère maternelle. Les deux jardins n'en faisaient qu'un. « Ma mère avait des fleurs, des arbres, des volailles, des légumes. » Elle me montre un coin, près de l'entrée de la maison voisine, là où les lotissements ont grignoté sur l'ancien jardin. C'est là qu'à l'adolescence, Renée et Thérèse cachaient leurs minijupes dans les massifs de fleurs avant d'aller danser le jerk le dimanche après-midi au Twenty, à un quart d'heure à pied. « On partait en pantalon devant notre père. Arrivées en boîte, on se changeait. Au retour, pareil. Les minijupes restaient toute la nuit dans les fleurs. »

Le père Ponthieu était mineur, comme la plupart des hommes du quartier. Un type pas commode. Il allait à vélo à la Fosse 2 de Lens, à quelques minutes. « L'après-midi, on s'asseyait avec ma mère sur la marche en pierre, devant la maison, pour l'attendre », dit Thérèse. Tous les mois, un gars de la CGT venait pour le timbre, la preuve de sa cotisation mensuelle. Le père est de la génération de la grande grève des mineurs de 1941, dix jours sous l'Occupation, 200 000 grévistes dans le bassin minier. Il ne parlait pas de ça. Thérèse ne sait pas s'il y a participé, pas plus qu'à celle de 1948. En 1941, certains meneurs étaient morts en déportation.

En 1948, les plus durs avaient été placés au front de taille, où on respirait le pire. Le père Ponthieu, lui, a fait la grève de 1963. Renée avait 10 ans et demi, Thérèse 12 et demi. Comme près de 23 000 enfants de grévistes, elles ont pris un bus affrété par l'intersyndicale pour aller passer les vacances de Pâques dans des familles solidaires. « Nos parents pleuraient. Nous on était contentes de voir du pays. J'étais tombée chez des boulangers, à Paris. Je mangeais des croissants et des petits pains tous les jours. Il y avait une douche. Dans les maisons de mineurs, on se lavait dans une bassine en zinc, le samedi dans la buanderie. » Renée avait été placée dans une famille aisée, dans le même quartier. Ça n'avait pas collé avec les enfants de la famille, mais les deux sœurs se voyaient tous les jours, au parc. Le boulanger avait fabriqué un poisson en chocolat qu'il avait rempli de Malabar et envoyé aux petits frères restés à Vendin. La France presque unanime soutenait le combat des mineurs sous-payés. En août, la famille Ponthieu prenait le train pour Calais, et son camping municipal en face du blockhaus. Il y avait des mineurs, quelques Anglais. « On avait le camping pour nous, du sable et des dunes. »

À table, le père les obligeait à attendre le dernier moment pour manger la viande. « Pour que les gens voient que t'as de la viande dans ton assiette. » Au cas où quelqu'un pousserait la porte de la maison. Une bonne sœur, un curé, un voisin. Le facteur passait dans les corons, sa sacoche remplie d'enveloppes de billets, la paie des mineurs. Fin 1964, quand Thérèse a eu 14 ans, elle a quitté l'école pour se faire embaucher dans une usine de pantalons d'hommes, Le Cottier. « Pour nous, c'était normal. Les garçons à la mine, les filles dans l'habillement. » À 14 ans, Renée a fait pareil. « La première fois que j'ai donné ma paie à ma mère, elle a pleuré, dit Thérèse. De reconnaissance. » La mère donnait à ses filles « un petit dimanche » pour acheter des bas et du fond de teint. Un jour qu'elles se chamaillaient, elle les a attrapées par les cheveux, et *clac*, les têtes l'une contre l'autre en disant « Ça, c'est deux sœurs ». « Elles ne se sont plus jamais disputées », dit Thérèse. Une fois, le petit frère Benoît s'est pris un coup de ceinture du père. Il était allé jouer aux billes au lieu d'aller au catéchisme. « Le curé, il était venu moucharder. Je me suis mise entre mon père et mon frère. Je me suis révoltée. »

Le père avait perdu un bout de doigt à la mine, il a touché une prime. Un samedi, il a embarqué Renée et Thérèse en bus à Lens, chez Alper, un magasin de prêt-à-porter rue de la Gare. « On s'est acheté chacune une jupe en velours bleu marine et un pull vert d'eau. Il a voulu nous faire plaisir, avec sa prime. Ça m'a marquée, à cause du doigt qu'il a perdu. » Le père est mort à 58 ans, ruiné par la silicose. Il dormait assis pour ne pas étouffer. Il s'était arrêté à 52 ans. Les mineurs avaient le logement, le chauffage et le médecin gratuits, en échange de leur corps. La mère avait commencé comme trieuse de charbon à 13 ans. Mariée à 19, premier enfant à 20. Elle est partie à 45 ans, cancer de l'utérus. Renée venait de se marier avec Patrick, tourneur-ajusteur d'origine polonaise. Ils étaient partis en voiture dans sa famille, le premier voyage de Renée à l'étranger. Elle a appris la nouvelle par télégramme, en plein mois d'août ; ils sont rentrés.

C'est Thérèse qui a enseigné la couture à Renée. Elle avait appris à 13 ans, aux cours du soir. C'est aussi elle qui l'a fait postuler chez les jeans Levi Strauss à La Bassée en 1979. Ça payait mieux que chez les pantalons Zins, où elles allaient ensemble, par le bus de 7 heures. Chez Levi's, Renée cousait des poches arrière huit heures par jour, les mains bleues à force de toucher les jeans. Elles étaient aux pièces. Il fallait faire 100 %, et on avait du bonus si on dépassait. Renée était à 105 %. Thérèse arrivait à se faire 6 000 francs en allant jusqu'à 120 %. « C'était beaucoup en 1980. Personne ne voulait croire que je touchais tant. » Elles prenaient leur pause du matin ensemble, vingt minutes, un petit déjeuner à la cafétéria. Elles parlaient de leur vie. « On ramenait notre café, on racontait nos histoires, on rigolait de nos conneries. » Jusqu'au licenciement de Renée en 1985. « Ils ont fermé deux ateliers, elle était dans le lot. » Renée a enchaîné les usines après ça. Une fabrique de housses de voitures à La Bassée, qui a fermé en 1988. Puis une usine de prêt-à-porter à Vendin, rachetée en 1989 avant de fermer en 1995, et enfin Samsonite, qui a licencié des ouvrières en 2001, puis trouvé un repreneur, Energy Plast, en 2005, jusqu'à la catastrophe de 2007.

La mère avait donné à ses filles le « petit livre de la CGT », *Le Guide juridique des droits des salariés et de leur famille*. « Elle disait toujours : “Tu prends ton petit livre et tu montres à ton patron”.» Thérèse s’est syndiquée quand Renée a été licenciée de chez Levi’s. Renée a fait pareil quand ses copines ont été licenciées de chez Samsonite. «Quand elle a vu du chahut dans sa boîte, elle m’a dit “Thérèse, quel syndicat je prends?” J’ai dit “Renée, le mieux c’est la CGT”.»

À Samsonite, jusqu’à la fin, l’ambiance était bonne. On fêtait Pâques, les anniversaires, la Sainte-Catherine. «On se passait en douce des chocolats, sous les établis. L’alcool était interdit alors on ramenait des jus de fruits. Parfois il y avait un petit quelque chose en plus dans le jus de fruits, raconte Brigitte Petit, la grande copine de Renée. On n’avait rien à nous reprocher, le boulot était fait.» Elles se sont rencontrées là. Renée cousait les pochettes dans les vanity-cases et les valises, ou vissait les poignées, les serrures, les fonds en tissu. Une fois, des filles avaient collé une pièce de monnaie au sol avec de la colle forte, pour faire une blague à une cheffe qu’elles n’aimaient pas. «Elle avait essayé de la ramasser, tout le monde rigolait.» Renée était venue voir Brigitte à sa machine. «Il me semble qu’on a des opinions proches.» Brigitte avait adhéré à son tour. «Renée, elle connaissait ses droits, et elle poussait le bouchon. J’aimais bien.»

Renée était la moins bien payée de l’usine. «Elle a longtemps gagné 980 euros, se souvient Cyril, son fils, artisan charpentier-couvreur. Sur sa dernière fiche de paie, elle touchait 1 014,15 euros. » Après son divorce en 1988, Renée a eu des problèmes d'argent. Loyer, électricité, eau, impôts, chauffage, seule avec un enfant, le père évaporé. Elle avait choisi de quitter Patrick. « Elle était accueillante, aimante, mais il ne fallait pas lui faire une crasse », dit Brigitte. Renée a eu un autre compagnon, il est mort dans un accident de voiture au début des années 1990. Thérèse lui payait une facture de temps en temps. Pendant le conflit Samsonite, elle lui faisait les courses. Quand Cyril a grandi, il lui a offert des vacances, ils ont sillonné le Sud ensemble, deux étés de suite. Il s'était fait prêter un appartement au soleil pour Renée, en échange d'un travail – il avait agrandi une cave. Quand les Samsonite ont gagné aux prud'hommes, les ouvrières ont touché entre 17 000 et 60 000 euros. Les 17 000, c'était Renée.

Maëva est toute belle. Renée l'appelait Nénette. Elle a bientôt 20 ans, une longue chevelure châtain, bouclée, de grands yeux bleus de dessin animé. Elle cherche du boulot dans la vente en attendant de démarrer une formation dans le design d'espace. Elle est la fille aînée de Cyril, le seul petit-enfant que Renée ait connu. Renée était son unique grand-mère. Elle avait 10 ans à sa mort. Elle a légué à Maëva un pendentif, une petite tortue en argent et turquoise que la jeune fille porte toujours autour du cou. Elle le touche de temps en temps, un réflexe. « Je me sens protégée. » Maëva me rappelle une photo de jeunesse de Renée, tout aussi belle, assise sur le capot d'une Simca bleu ciel, dans une robe blanche qu'elle avait cousue elle-même, ajustée à sa taille fine. Elle est coiffée comme Sheila, période *Rois mages*, souriante, le regard naïf. On voit l'air de famille, à ceci près que les yeux de Maëva sont plus grands, ses cheveux plus bouclés. « Je l'ai toujours vue coudre. Des robes pour mes Barbie, des robes pour gagner un petit billet. Elle m'avait offert une petite machine pour Noël. Elle dessinait bien. On s'installait pour dessiner ensemble. Et son jardin était un paradis. » Quand elle était petite, Maëva avait les cheveux raides. Renée lui avait coupé une mèche, elle l'avait enterrée au pied du cerisier, pour qu'ils bouclent. « Un truc de grand-mère. »

Pendant l'occupation de l'usine, Maëva avait 4 ans, elle y allait le mercredi. « Nénette, on va voir mes copines », disait Renée. La jeune fille se souvient d'une grande porte, de femmes qui tricotaient. Après la fermeture, Renée s'occupait d'elle, souvent. Elles regardaient *Amour, gloire et beauté*. Renée, maquillée, parfumée, était la reine du couscous et du lapin au chou rouge. Maëva se souvient qu'elle rangeait dans un grand classeur les articles sur la lutte. « Faut pas se laisser faire par son patron, Nénette. » Pour faire le ménage, elle mettait à fond *Allumer le feu*, fenêtres ouvertes. À l'hôpital, Maëva a commencé à comprendre que quelque chose n'allait pas quand elle a vu autour du lit de sa grand-mère des gens de la famille qu'on ne voyait jamais.

Si on veut revoir le beau visage rond de Renée, il faut regarder le film d'Hélène Desplanques, *Liquidation totale*, sorti en 2010. Il raconte les débuts de la lutte de Samsonite. Le documentaire commence avec Renée enchaînant les coups de fil, à son bureau dans le local syndical. « Jacqueline ? Oui, bonjour, c'est Renée, ça va ? Dis, tu vas être présente pour le 14 novembre aux prud'hommes ? Ben faut y aller hein, 'tiote, hein ! On a besoin quand même de monde, hein. Bon ben, j'te laisse, 'tiote. Et pis à vendredi, hein. » « Allô, Geneviève ? Ça va, et toi ? T'as pas retrouvé de travail… »

Dans sa chambre d'hôpital, Renée avait dit à sa sœur : « Thérèse, tu iras chez moi : dans le classeur, il y a les papiers pour ma retraite. » Thérèse avait fait les papiers. « Je savais qu'elle partait, qu'elle n'aurait pas de retraite. Mais je l'ai fait. Et puis j'ai rapporté les papiers pour lui montrer que j'y étais allée. Elle m'a dit "Je suis bien contente, je vais avoir ma retraite et je vais déménager pour avoir un plain-pied". J'ai répondu "C'est bien". J'ai même pas pu lui dire qu'elle allait mourir. » Sur les cinq frères et sœurs, Thérèse est pour l'instant la seule à avoir touché une retraite. Benoît est mort d'un cancer du poumon à 54 ans. Henri à 59 ans, d'un cancer dû à l'amiante des chantiers navals de Dunkerque. Cécile, la petite dernière, est bien vivante, mais elle est en arrêt, elle a un problème au bras, à cause des gestes répétitifs, dans une usine de tri et d'emballage d'endives. À 59 ans, elle cherche une formation.

Cette histoire de réforme des retraites énerve Thérèse. « Vous croyez que les gens vont travailler jusqu'à 64 ans ? À cet âge, bien des ouvriers seront malades ou déjà morts, les autres n'auront qu'une petite retraite. Comment ils vont faire, les gens ? On a fermé Firestone à Béthune, ils vont aller où ? Au RSA en attendant la retraite ? Tous des assistés ? Pendant ce temps, les Balkany profitent de l'argent qu'ils ont volé ! Ma mère me disait : "La grande, un riche sera toujours plus riche, et un pauvre sera toujours plus pauvre." »

La fin de l'usine, ç'avait été comme perdre « la moitié de sa famille », m'a dit une ouvrière six ans après la fermeture. Je l'avais connue boute-en-train. Elle était d'une infinie tristesse au téléphone. Elle racontait qu'avec les problèmes de santé, les salariés avaient commencé à se croiser à l'hôpital. Depuis 2007, parmi les 204 Samsonite, 12 sont morts, beaucoup de cancers. Un ouvrier qui avait retrouvé du travail a fait une crise cardiaque pendant sa pause. Un autre s'est retrouvé sans-abri. « Sans compter les divorces, les dépressions et tous ceux dont on n'a pas de nouvelles, dit Brigitte, en général, ceux qui vont le plus mal. »

Après le licenciement, Brigitte allait souvent chez Renée. Pour se voir, bosser le dossier. « On se moquait des repreneurs, il y en avait un qui ne se lavait jamais les cheveux. Un bonimenteur, mal coiffé. Des fois, en rigolant, on se disait "On aimerait bien les voir avec les menottes". Et c'est arrivé. L'un d'entre eux est arrivé au tribunal entre deux flics, sans lacets, menotté. Il était en prison pour une autre affaire. Ça nous avait rendues heureuses. Des gros voyous, en fait. » Brigitte a pris sa retraite à son tour. Elle avait retrouvé du travail après une formation d'assistante familiale, elle élevait des enfants placés. D'autres sont devenues aides à domicile, aides-soignantes. Elle a joué le rôle de Renée dans la pièce *On n'est pas que des valises !*, écrite par Hélène Desplanques et Marie Liagre, jouée jusque dans le Off d'Avignon, avec des comédiens professionnels, six autres ouvrières et une petite fille qui jouait Maëva. « La pièce, dit Brigitte, c'était comme une thérapie. Je pleurais plus. » Quand les Samsonite sont allées la seconde fois aux États-Unis pour attaquer le fonds d'investissement Bain Capital, Brigitte avait pris avec elle la photo de sa copine, encadrée, pour que Renée manifeste avec les autres.

Éric

par Mathieu Palain

J'ai longtemps hésité sur cette première phrase. Mais peut-être que la meilleure manière de commencer serait de me présenter : je m'appelle Claire Caron. Mon père s'appelait Éric Caron. Il est né et a grandi à Amiens, comme moi, mais lui ne connaissait pas son père. Il n'a jamais su qui c'était. Dans la famille, chacun s'est fait sa petite opinion sur le sujet. Mon oncle pense que c'est un homme qui s'appelait Albert, mais vu le physique de mon père – bronzé, les cheveux crépus et bouclés – il y a des chances pour que ce soit plutôt un Algérien. Ma grand-mère n'a jamais dit la vérité, de toute façon, et il est probable qu'elle-même n'en sache rien. Elle voulait pas d'enfant. Elle en a eu deux. Elle les a délaissés. Voilà pour les faits. C'est d'ailleurs parce que ça lui était insupportable de voir ce gosse toujours sale, mal nourri, mal habillé, qu'une tante a pris mon père sous son aile. Elle lui a dit comme ça : « Tu viens à la maison et tu repartiras pas. » Cette tante, c'était quelqu'un. Elle a accouché de onze enfants et elle leur a donné à tous des prénoms qui finissent pareil : Daniel, Lionel, Muriel, Estelle, Arielle… à force, on s'y perd. Mon père avait 13 ans quand il est venu vivre chez eux, dans une vieille maison de brique du quartier Saint-Leu. Aujourd'hui c'est commerçant, c'est mignon, mais à l'époque c'était la misère.

Ce que je devrais peut-être dire d'emblée, c'est qu'on a un vécu assez spécial, avec ma sœur. Notre mère est alcoolique. Elle a déjà frappé les gendarmes, elle a été condamnée pour ça, et même si elle a arrêté de boire, la maladie a laissé des traces. Pour rester polie, elle n'a pas les réactions de quelqu'un de normal. Par exemple, quand j'étais enceinte de ma fille, elle m'a traité de tous les noms parce que je refusais de lui annoncer le sexe du bébé par texto. Je voulais le faire en vrai, la prochaine fois qu'on se verrait, mais non, elle n'a pas supporté. Ça ne devrait plus m'étonner, elle a toujours été comme ça. Explosive. Déjà, quand elle s'est séparée de notre père, sa première décision a été de lui interdire de nous voir.

Parfois j'essaie de me raconter comment ils se sont rencontrés. Lui qui l'aborde, penaud, à une fête de village, elle qui accepte de lui rendre son sourire… C'est une scène que j'arrive pas à imaginer. Je me dis qu'ils ont dû s'aimer quand même un petit peu, au moins au début, sinon on n'aurait pas vu le jour, moi et ma sœur. De temps en temps, quand maman allait mieux, ils se retrouvaient, elle lui proposait de passer à la maison. D'ailleurs elle est retombée deux fois enceinte après moi, et même si elle n'a pas gardé les bébés, c'est bien la preuve qu'ils étaient liés d'une manière ou d'une autre. Papa, comme elle nous empêchait de le voir, j'ai quasiment pas de souvenirs de lui avant mes 7 ans. Ensuite, quand maman est partie en cure et qu'on a été placées en famille d'accueil, un juge est intervenu pour qu'il puisse nous emmener en week-end. J'attendais ce moment-là toute la semaine. Je l'appelais « mon rayon de soleil ». Il était toujours habillé en maçon. Il sentait les produits de maçonnerie, le white-spirit, des odeurs fortes comme ça. Je le sais parce que j'ai travaillé en jardinerie, une fois j'en ai renversé sur le sol et je me suis fait la réflexion que ça sentait mon père.

Papa, ça a toujours été un bosseur. Il a vite quitté l'école, et à 16 ans il était sur les chantiers. Un gros bricoleur, même le week-end il allait chez les gens filer un coup de main pour leurs travaux. L'amiante, personne m'en a parlé. J'avais 13 ans, je savais pas ce que c'était. C'est bien après sa mort que j'ai fait mes recherches sur Internet. Les peintures, les sols, les plafonds, à l'époque il y en avait partout. Et la sécurité, c'était pas ça. Quand ça a été mon tour de chercher du boulot, j'ai fait un stage en crèche et j'ai dit à une collègue que l'entreprise dans laquelle mon père avait travaillé toute sa vie ne lui avait jamais fourni de masque. Je l'ignorais, mais la femme du patron de mon père travaillait dans cette crèche. Elle m'a entendue, elle a essayé de me contredire, mais depuis j'ai rencontré d'autres ouvriers qui me l'ont confirmé : ils bossaient sans masque.

Toute cette histoire d'amiante, ça a commencé par ma grand-tante, surveillante en chef à l'hôpital d'Amiens. Elle trouvait que papa toussait beaucoup et lui a dit de passer des examens. Il y a eu une première chimiothérapie, que mon père a cachée. Je sais pas s'il l'a pas dit pour éviter de se plaindre ou pour s'épargner les regards de l'entourage. Moi j'ai appris en septembre qu'il était malade, et en février il était parti. Je l'ai déjà dit, j'avais 13 ans. Je l'ai vu perdre ses muscles, cracher beaucoup, mais on m'expliquait rien, fallait que je fasse moi-même les interprétations. Je pensais que ça irait parce que ma mère avait fait une méningite trois ans plus tôt : le docteur nous avait dit qu'elle passerait pas la nuit, il l'avait placée dans le coma, on attendait qu'elle meure ; et puis finalement elle allait plus mourir mais ce serait un légume, et là encore il s'est trompé, elle s'est réveillée en parfaite santé. Donc, mon père, je voyais qu'il allait mal, mais c'était mon père, il pouvait pas mourir. Quand il a fait son arrêt cardiaque, j'ai hurlé dans le téléphone.

Ma mère devait sentir que c'était la fin, elle m'a dit : « Écris-lui une lettre. » J'ai écrit une phrase qui me fait honte : « Papa, dès que tu vas guérir, on ira manger au McDo. » J'aurais pu lui dire la vérité. C'était quelqu'un de réservé. On se disait pas « je t'aime » à voix haute.

Les jours qui ont précédé sa mort, on m'a proposé d'aller le voir à l'hôpital, mais j'ai à chaque fois répondu : « On ira demain. » J'étais une ado, je passais mes journées sur l'ordinateur, je pensais qu'on avait le temps. J'ai appris la nouvelle parce que ma mère hurlait dans l'appartement. « Éric est mort ! Ton père est mort ! » J'ai pas réagi sur le coup. Je les entendais pleurer, ma mère d'abord, puis ma sœur. J'ai pas bougé. Je suis restée dans mon lit. Pour moi, c'était pas réel. Ma mère a toqué à la porte de ma chambre, elle me l'a annoncé, je voulais pas l'écouter. Je croyais qu'il allait guérir. La sœur de ma mère est arrivée, j'étais encore dans mon lit. Elle m'a dit : « Si tu veux, tu peux le voir, mais il va pas être beau, il aura encore la bande qui tient la mâchoire. Attends le funérarium. » C'est ce que j'ai fait.

Mon père portait un costume dans son cercueil. Ça m'a choquée parce qu'il n'en avait jamais porté. C'était pas lui. J'ai pris sa main et je l'ai serrée dans la mienne, si fort qu'au bout d'un moment ma grand-tante m'a dit « arrête, tu vas abîmer le corps ». Mais mon cerveau refusait de percuter. Je me disais « il est là, je le sens, mais c'est pas lui». J'alternais entre des moments pendant lesquels j'étais totalement dissociée et des moments de lucidité où je me disais «réveille-toi, il est plus là, c'est ton père, vas-y, pleure».

L'église était pleine à craquer. Il était pas croyant, pourtant. Ma mère l'a fait quand même. Elle a pas respecté ce qu'il était. Elle a voulu que je lise un texte. Je me suis levée et, depuis un pupitre sur l'autel, j'ai dit qu'il allait nous manquer, que c'était quelqu'un de bien. Je savais pas ce que je racontais. J'étais en pilotage automatique. J'aurais dû dire à tout le monde: «Merde, mettez-moi une claque, réveillez-moi, ou alors c'est une blague et rendez-moi mon père.» Des gens ont raconté qu'Éric jouait au football dans le même club qu'eux. Je me suis trouvée bête d'apprendre ça le jour de son enterrement. Après, je me suis souvenue qu'il avait emmené ma sœur voir un match du Amiens SC, il y a longtemps. Ça m'avait rendue jalouse. On m'avait expliqué que j'étais trop petite pour le stade, que c'était pas de mon âge, mais ça m'avait pas empêchée de penser qu'il m'aimait moins qu'elle.

À la fin de la cérémonie, ma mère a voulu faire suivre le cercueil. Elle se faisait passer pour sa compagne alors que tout le monde savait qu'elle avait pas été correcte avec lui. Et la mère de mon père, celle qui l'avait abandonné, elle était là aussi, à marcher derrière son corps jusqu'au cimetière. C'est ironique, quand on y pense, mais je suis contente qu'il ait pas assisté à ce cirque.

Je vous raconte tout ça parce que c'est à ce moment-là que je suis partie en vrille. Un soir, ma grande sœur de 18 ans a dit « je vais dormir chez mon copain », et elle est jamais revenue. Elle a très mal vécu le décès de papa. Elle pleurait beaucoup et elle m'en a voulu d'être ce bloc de glace, insensible, qui continue sa vie comme si de rien n'était. On ne se voit plus, ça m'attriste, mais c'est son choix à elle, je peux rien faire d'autre que le respecter. Elle dit qu'elle ne peut plus me voir, parce qu'à travers moi elle revoit notre mère, et tout le mal qu'elle nous a fait subir. Mais je pense qu'il y a aussi un peu de cette époque-là, quand je pouvais pas pleurer. En réalité, je pleurais quand j'étais seule. Je passais toutes mes nuits dans la couverture de papa. Je la reniflais pour garder un peu de lui auprès de moi. Mais malgré l'image de son corps mort, je me racontais une histoire dans laquelle il allait revenir. Comme s'il était en voyage. Quand on me disait « je suis désolé pour ton père », je répondais « oh, t'inquiète, c'est rien, c'est pas grave ». J'arrivais pas à ressentir la souffrance, alors j'ai commencé à me faire du mal. Beaucoup de scarifications. Ma mère s'en rendait pas compte, je mettais des pulls. Mais je sombrais de plus en plus. Et à 16 ans j'ai été hospitalisée. J'avais développé une phobie scolaire, je me sentais à l'aise nulle part. Ça devenait insurmontable de m'asseoir dans une classe, au milieu des élèves, de passer quinze minutes de récréation dans la cour du collège. Je faisais partie d'un club de majorettes, et un jour notre bus s'est fait caillasser sur la route. Une vitre a explosé. Ça a été la fois de trop. J'ai fini par ne plus sortir de chez moi, même juste descendre à la boîte aux lettres en bas de mon bâtiment, j'en avais des sueurs. Ça a duré trois ans, jusqu'à ce que ma mère me vire de la maison. C'était juste après mes 18 ans. Elle m'avait offert un bouquet de fleurs, on était allées au restaurant toutes les deux, on devait rentrer à la maison regarder un film dans son lit, et en une seconde elle m'a traitée de prostituée et m'a mise à la porte. « Tu prends tes affaires et tu dégages. » Ça avait été une sale soirée, très violente. C'était avant qu'elle rechute. Les gendarmes étaient intervenus, ils m'avaient dit : « Elle a le cerveau qui bugue votre mère, c'est pas de votre faute. » Je voulais lui pardonner, j'ai plus qu'elle depuis la mort de mon père, mais à force de me faire insulter, menacer, frapper, j'ai lâché. Elle changera pas. Même sans alcool, elle changera pas.

Une éducatrice m'a aidée à payer mon loyer. J'avais 400 euros pour tenir le mois. Le logement, c'était un studio avec cuisine et salle de bains dans un bâtiment avec que des filles à problèmes. Et puis j'ai rencontré mon copain et je suis tombée enceinte. J'étais jeune, même pas 19 ans, mais je me sentais pas petite, j'avais pas le mental d'une enfant normale. J'avais tenu toute mon adolescence en me disant « tu souffres, là, mais un jour tu auras ta famille ». Ça m'a aidé à ne pas rejoindre mon père.

J'ai deux enfants à présent. Une fille, Julie, qui vient d'avoir 6 mois, et un fils, Maxence, qui a déjà 7 ans. C'est un petit sportif, il joue au foot et fait du judo. Je lui parle beaucoup de son papy Éric. Il vient avec moi sur sa tombe, il arrose les fleurs. Ça me semble naturel aujourd'hui de me rendre au cimetière, mais ça m'a pris des années pour réussir à franchir les grilles. Il a fallu qu'une tante qui avait perdu son mari me lance : « Est-ce que toi aussi, pour vider ton sac, de temps en temps, tu parles sur sa tombe ? » J'ai répondu la vérité : « Non, j'y vais jamais. » Ça l'a choquée, alors j'y suis allée, seule, j'ai lu un texte sur sa tombe et j'ai pleuré d'un coup sans m'arrêter. Je suffoquais. J'avais ouvert les vannes, et toutes les années de chagrin en profitaient pour se faire la malle. Je suis quelqu'un qui croit pas du tout au paranormal, mais on était en février, à quelques jours de sa date de décès, il faisait très froid sur Amiens, et j'ai soudain eu chaud, comme si quelqu'un posait ses mains autour de mes épaules, comme si on m'aidait à me relever. C'était sûrement dans ma tête, mais sur le moment ça m'a semblé réel.

Je n'ai pas beaucoup de photos de papa. Sur l'une d'elles, je suis bébé, encore blonde, assise sur ses genoux. Je dois avoir 2 ans, peut-être moins. Lui, il est torse nu. On voit le tatouage sur son biceps droit, une femme et un homme qui se regardent, formant une sorte de cœur. De loin, on dirait une rosace. Sur une autre, je suis brune, la frange sur les yeux, pas le style *emo* mais pas loin. Encore une enfant. Je suis assise à sa droite sur le canapé. Il porte le tee-shirt d'une équipe de base-ball, les Cubs de Chicago. Quelques années après, je deviendrai *cheerleader*, j'entrerai à la mi-temps avec les copines, toutes en uniforme jaune et bleu pour enchaîner les acrobaties à la gloire des Spartiates, l'équipe de foot américain d'Amiens, mais bien sûr à l'époque je n'en savais rien. Sur cette photo, papa fixe l'objectif. Sa peau est bronzée, comme d'habitude, mais je vois aux creux de ses joues qu'il est déjà malade. Ça me tue de l'écrire, mais il m'arrive de sortir cette photo de l'album simplement pour me rappeler son visage.

C'est sans doute aussi pour ça que je passe autant de temps avec mon oncle Lionel. C'est un peu son sosie. Je l'appelle mon oncle, mais ils étaient cousins avec papa, ils ont grandi ensemble, ils ont fait les quatre cents coups ensemble. Et ils se ressemblent. Il a touché à tout, Lionel, la mécanique, la maçonnerie, il a traversé des années pas faciles avec le chômage, mais il a toujours voulu travailler, et quand Pôle emploi lui a dit « vous êtes trop vieux, ça sert plus à rien de chercher», il a remué ciel et terre et il a réussi à se faire embaucher comme agent d'entretien. Il bosse encore. Parce qu'il avait peur qu'il se noie dans le chagrin après sa mort, mon père lui a fait promettre de ne plus boire d'alcool. Pas une goutte. C'étaient des fêtards tous les deux, mais c'étaient des frères avant tout, et le soir de l'enterrement, quand tout le monde s'est retrouvé au bar pour boire un verre à la santé d'Éric, mon oncle a dit: «Pour moi à partir de maintenant ce sera du jus d'orange.» Les gens l'ont pas cru, mais ça fait treize ans qu'il tient. Proposez-lui rien qu'une bière et vous verrez, il la refusera.

Je raconte un peu dans le désordre, vous m'excuserez, mais ce que je veux dire au fond c'est que c'était quelqu'un de bien. Je regrette de n'avoir pas pu le connaître vraiment. Parfois je vis des trucs et je me demande ce qu'il en aurait pensé. Est-ce que j'aurais pu en parler avec lui, comme une adulte à un autre adulte? Mon orientation, par exemple, qu'est-ce qu'il m'aurait conseillé? À la fin de mes études, je me suis dirigée vers l'agriculture. J'y connaissais rien à part quelques marques de tracteur, et ça avait fait rire autour de moi parce que je suis une citadine, une fille de la ville, mais j'ai adoré. Je remplaçais les agriculteurs quand ils étaient malades ou en vacances. Je débarquais sur la ferme et je la faisais tourner. Je m'occupais des vaches, des veaux, des taureaux, je conduisais les engins, je faisais la traite le matin, tout, quoi. Je commençais à 5 h 30 et je terminais à 21 heures, avec une pause de 11 à 17 heures. J'ai arrêté quand je me suis séparée du père de mon fils. Des horaires pareils, en mère célibataire, c'était pas possible. Je suis retournée à l'école, j'ai eu mon bac + 2 et je suis repartie dans la vente. Là, j'attends que ma fille grandisse un peu avant de postuler à autre chose, mais je rebondirai, je me fais pas de souci. C'est quelque chose que me répétait papa, ça : « Les Caron, ils sont forts. » Je me laisserai pas faire.

En vidant l'appartement, quelques semaines après sa mort, je suis tombée sur une autre phrase, écrite à la main sur une marche des escaliers. « Vivre vite et mourir jeune. » J'ai reconnu son écriture. J'ai 26 ans aujourd'hui. Cette phrase, j'y pense souvent. J'ai des amis qui sont déjà partis. Un accident de cheval. Une hydrocution. Un copain de collège a fait un arrêt cardiaque. Il est dans le même cimetière que mon père. La vie passe vite. Papa aimait le football, la pétanque, la pêche. Il avait vendu sa moto à la naissance de ma sœur. Il avait prévu de s'en racheter une. Et voyager aussi, ça lui aurait plu. Mais il voulait surtout profiter des siens. À un moment, il a eu l'occasion de refaire sa vie, mais sa nouvelle femme ne voulait pas de nous, ses filles. Elle lui avait demandé de choisir : c'était elle ou nous. Il nous voyait jamais, mais il avait dit nous. C'est pas juste que ce soit tombé sur lui. Il lui restait du temps. Il avait 46 ans.

Jean-Luc

par Grégoire Biseau

Cela faisait longtemps qu'elle n'espérait plus grand-chose de la tournée du facteur. Trop d'attente et d'espoirs déçus, depuis onze ans. Cet après-midi de juillet 2022, de retour du travail, Véronique Busson-Chagnolleau s'est arrêtée à sa boîte aux lettres de l'impasse de la Sapinette, un lotissement de petites maisons individuelles collées les unes aux autres, dans le nord de Nantes, presque machinalement. Elle a relevé son courrier comme on descend les poubelles, ou on lance une machine. Sans rien en attendre de particulier. Il y avait pourtant une lettre. L'assurance maladie de Loire-Atlantique lui écrivait. Un destinataire qu'elle ne connaissait que trop bien, et qu'elle s'était juré d'oublier pour de bon. Encore une relance administrative, se dit-elle. Une de plus. Elle a attendu de franchir la porte de sa maison pour ouvrir l'enveloppe. À l'intérieur, une lettre de cinq lignes. Elle lit :

Objet : la prise en charge de la maladie de votre proche.

Madame,
Le comité régional de reconnaissance des maladies professionnelles vient de nous transmettre un avis favorable concernant la maladie « hors tableau » de M. Jean-Luc Chagnolleau. Elle est donc reconnue d'origine professionnelle.
Nous allons à présent déterminer si des sommes vous sont dues, et si tel est le cas, nous procéderons à leur versement.
Cordialement,
Votre correspondant de l'Assurance Maladie.

Il lui a fallu la lire une deuxième fois, pour être sûre d'avoir lu ce qu'elle avait lu. Et puis elle s'est assise à la table du salon. Et elle s'est mise à pleurer. Elle a laissé un immense soulagement envahir doucement son corps et sa tête, et elle a prononcé à voix haute ces mots dans le vide de son salon : « Enfin, enfin, on a réussi. » Entre ses mains, dans ces deux pauvres phrases au style administratif sec comme du bois mort, elle tenait la victoire d'une bataille homérique de onze années. La bataille de sa vie, entamée depuis la mort, le 26 septembre 2011, de son mari, Jean-Luc Chagnolleau, d'un double cancer, des reins et de la thyroïde, à l'âge de 52 ans. Puis, quand les larmes se sont arrêtées, elle a pris son téléphone pour envoyer par SMS la photo de la lettre à son fils, Dorian, 18 ans. Elle a ensuite appelé la sœur de Jean-Luc. Et Gilles

Rialland, le copain, l'ami, celui qui a mené le combat depuis le début, avec l'Association pour la protection de la santé au travail des métiers portuaires, que Jean-Luc avait fondée quelques mois après le début de sa maladie. Elle sait maintenant qu'elle est arrivée à bon port et que commence pour elle une nouvelle vie. Pour avancer dans une histoire, il faut un début et une fin. « J'avais enfin une fin », dit-elle.

Six mois plus tard, nous nous retrouvons assis à la même table du salon. Véronique Busson-Chagnolleau a enfilé un pull noir, sur un jean noir. Elle a les cheveux attachés, et une façon bien à elle de détourner le regard. Par pudeur, mais aussi par précaution. Les journalistes, elle s'en méfie. Elle ne sait pas si elle a bien fait d'accepter ce projet de livre. Elle le fait pour Jean-Luc. Pour que les gens sachent ce que c'est que mourir du travail. À 56 ans, Véronique est un petit bout de femme qui donne l'impression d'être en permanence aux aguets, comme si elle avait appris que la vie peut vous réserver de belles saloperies, à chaque coin de rue. Elle parle vite, avec l'énergie de celle qui n'a pas trop de temps à perdre. Sur la table, elle a posé son ordinateur portable et réuni plusieurs documents d'une histoire qu'elle connaît par cœur. Dans le salon, tout est blanc. Le carrelage, les murs, la cuisine ouverte, qui donne sur un petit bout de jardin. Il n'y a rien au mur. C'est ici que tout a commencé ; c'est ici qu'elle et Jean-Luc ont posé les « bases de leur histoire», comme elle dit. Ils cherchaient à acheter un appartement et ils sont tombés un peu par hasard sur cette maison en train de se construire. Ils se sont immédiatement dit que c'était là qu'ils allaient vivre. C'était le 20 mars 2002. Deux jours plus tard, ils se marient. Elle a 36 ans. Père de trois enfants, Jean-Luc, dix ans de plus, sort d'un divorce. Un an après, ils donnent naissance à un petit garçon, Dorian.

Véronique est la dernière d'une famille d'agriculteurs de onze enfants. Elle a grandi à la ferme dans une campagne sans charme particulier, à 55 kilomètres de Nantes. Adolescente, elle n'a qu'une seule envie, découvrir la ville. Quand elle fait la connaissance de Jean-Luc dans une boîte de nuit, elle est aide-soignante auprès de personnes âgées et de handicapés. Elle travaille la nuit de 21 heures à 7 heures du matin. Elle a «la fibre sociale». Elle aime son métier et la nuit. «Ça me procurait une immense sensation de liberté.» Elle avait ça en commun avec Jean-Luc: l'amour de la liberté. Lui, il n'a jamais vraiment aimé avoir quelqu'un sur son dos. Surtout si ça donne des ordres. «Ma famille m'a habitué à dire ce que je pensais», avait-il l'habitude de dire. Après un CAP de chaudronnier, il entre comme ouvrier à la Société française des constructions métalliques et mécaniques (SFCMM) à Saint-Herblain. Il y reste quelques années. À l'âge de 21 ans, il décide de quitter la sécurité de l'emploi pour devenir docker.

Au-dessus de lui, pas moins de cinq générations de dockers. Enfant, quand ses copains partaient jouer au parc, il filait sur le port de Nantes voir les bateaux décharger leur cargaison venue du monde entier. Tout de suite, il a aimé passionnément son travail.

Quand elle le rencontre, Jean-Luc n'est pas seulement docker, mais syndicaliste. Il est le patron de la CGT des dockers du port de Nantes. Un rouge. Un rouge de rouge. Un pur et dur. «Un révolté contre l'injustice», dit Véronique. Plus qu'un personnage, une figure. Aussi crainte que respectée. «Jean-Luc, il avait des cacahuètes. Avec lui, on savait qu'on était défendus», se souvient son copain, docker lui aussi, Christian Roche. C'était pas le genre à se coucher devant un patron. Ni à trouver des compromis. Avec lui, c'était à prendre ou à laisser. Il était têtu, parfois hargneux, mais courageux, droit et d'une intégrité presque religieuse. Quand il donnait sa parole, on savait que c'était du solide. Surtout, il n'avait peur de rien : ni de prendre des coups ni d'en filer. Et quand un docker venait un peu trop le chercher, ça ne traînait pas : «Allez, viens, on va s'expliquer tous les deux», avait-il l'habitude de dire. C'était un costaud qui avait une réputation d'intello, dans un milieu où le mot n'est pas franchement un compliment. Il dévorait la presse, vénérait les livres. Il aimait les chanteurs à texte : Aznavour, Brel, Reggiani et surtout Lavilliers. Il était curieux de tout. Il avait repris des études de sociologie à l'université de Nantes. Véronique était à la fois fière et méfiante vis-à-vis de cette tribu de gaillards qui accaparait, un peu trop à son goût, son homme. « Les dockers, c'était sa famille, c'était pas la mienne. »

Du haut de la rue des Salorges, sur la butte Sainte-Anne, dans le centre de Nantes, on tombe tout droit sur la Loire. On ne peut pas la manquer. Longtemps, cela a été la rue des dockers. Celle de leurs cafés : La Loire, Les Salorges, Le Maritime, où, le soir, on venait craquer une partie de sa paie et s'en jeter un (ou plutôt plusieurs). Au numéro 5, à quelques pas des quais, se tenait le foyer, où le matin tôt, aux alentours de 7 heures, on venait faire l'embauche. Aujourd'hui, le bâtiment a été transformé en théâtre, spécialisé dans la comédie de boulevard. Christian Roche se souvient très bien du jour où lui et Jean-Luc sont venus passer leur visite médicale, qui faisait office d'entretien d'embauche. Jusqu'alors ils étaient occasionnels, comme on dit, c'est-à-dire qu'ils donnaient des coups de main, les jours de vacances ou quand il y avait besoin. Mais à partir de ce 17 mars 1977, ils entraient pour de bon dans la famille. Très vite, Jean-Luc, volontiers volubile, et Christian, plutôt taiseux, vont devenir potes. Une même silhouette, sèche et musclée. Le premier est fana de rugby, le second de sport de combat (karaté puis krav maga). Il suffit de voir aujourd'hui à quelle hauteur Christian peut encore, à 67 ans, lever la jambe, pour comprendre qu'il ne fallait pas lui chercher des noises.

Son père était lui aussi docker. On l'appelait « Cinéma », car il avait tendance à la ramener. Christian a donc hérité du surnom de « Petit Cinoche ». C'était une habitude, presque tout le monde avait son blaze : il y avait Tarzan, Gros Bonhomme ou Chinchilla, sans que personne sache très bien pourquoi on avait donné le nom de ce petit rongeur à un mec qui avait des paluches d'ogre. Et puis il y avait aussi le Führer, un chef d'équipe très autoritaire, qui a fini par prendre un coup de couteau, et bien sûr Tonton Flingueur, qui est passé par la prison, pour avoir tiré avec une arme à feu, pour une sombre histoire de nana. Bizarrement, Jean-Luc n'avait pas de surnom. Jean-Luc c'était Jean-Luc.

À l'époque, il y a du travail pour presque tout le monde. Dans le port de Nantes, on décharge de tout : des agrumes (notamment en provenance du Maroc), du blé, du sucre, de la farine, du phosphate, de l'ammonitrate (un engrais)… et puis du bois. Beaucoup de bois, en provenance notamment de Russie. Le métier est dur, très physique. On soulève toute la journée des sacs de 50 kilos d'ammonitrate ou des troncs d'arbre. « Il fallait avoir des gros bras, dit Christian. La contrepartie, c'est qu'on s'organisait comme on voulait. On n'avait pas de petit chef sur le dos qui venait nous dire : fais comme ci, fais comme ça. » Les soirs de match, ils accélèrent la cadence pour partir un peu plus tôt. Quand il faut à tout prix vider la cale d'un bateau avant la nuit, ils négocient des primes. Les jours de galette des Rois, on arrête les grues dix minutes, le temps de savoir qui a la fève. Personne n'est très regardant sur les conditions de travail. Ils reniflent en permanence toutes sortes de poussières chargées notamment de particules d'amiante, mais aussi des vapeurs de pesticides, d'hydrocarbures ou de trichloréthylène. Parfois ils portent un masque, un « nez de cochon », comme ils disent. Mais la plupart du temps, rien. « Et puis quand on en avait un, très souvent il n'y avait pas de cartouche pour filtrer l'air », assure Christian Roche. Personne ne se doute qu'ils sont en train de creuser leur tombe. Ce qu'ils savent, en revanche, c'est que c'est bien payé. Ça peut monter jusqu'à 7 000 francs. À l'époque, le salaire est versé chaque fin de semaine, en liquide, dans une enveloppe. C'est pratique : sur le chemin de la maison, on peut lâcher un ou deux billets en boisson, sans que les femmes s'aperçoivent de rien. Puis le système des enveloppes s'est arrêté net. Un jour, un occasionnel, un dénommé Carlos, déguisé en femme et armé d'un flingue, a braqué le service de paie. Deux morts. Il a été décidé que dorénavant il n'y aurait plus d'enveloppe en liquide.

La grande réforme des ports français de 1992 a radicalement changé le statut des dockers et la vie de Jean-Luc. Après de très importantes mobilisations et des semaines de conflits parfois violents, c'est la saignée. Sur l'ensemble du territoire, le nombre de dockers passe de 8300 à 4000. Sur le seul port de Nantes, de 170 à une cinquantaine. Avec tous les départs, dont beaucoup en préretraite, la section CGT est décimée. Jean-Luc décide alors de reprendre le flambeau et devient le patron de la CGT des dockers de Nantes. À l'époque, la rivalité avec Saint-Nazaire, à 60 kilomètres en aval de la Loire, est à son paroxysme. Les Nazairiens sont accusés d'avoir profité des grèves du port de Nantes pour accueillir les bateaux et décharger leur cargaison. Cela laissera des traces. Depuis quelques années déjà, Nantes est en perte de vitesse. En 1986, le commerce des agrumes s'arrête. Celui des bananes, qui avait donné son nom au quai des Antilles, a déjà quitté la ville depuis longtemps. Le nombre de bateaux baisse, l'activité ralentit. Mais pas celle de Jean-Luc, qui se donne totalement à son rôle de syndicaliste. Le port de Nantes est peut-être petit, mais, grâce à ses mandats syndicaux, Jean-Luc va porter ses couleurs un peu partout en France. « Jean-Luc est un vrai autodidacte, alors au début il n'était pas très à l'aise dans sa prise de parole. Mais très vite il a pris une vraie assurance », se souvient Christian. Son portable sonne en permanence, tous les jours, tout le temps. On l'appelle de partout. Même le week-end. Véronique doit parfois mettre le holà, pour qu'il veuille bien mettre son téléphone en mode silencieux. Pendant les vacances, il est là sans être là. Il a du mal à couper. Toujours quelque chose dans la tête.

Le matin, malgré ses douleurs au dos, jamais elle ne l'a vu rechigner à se lever pour aller au quai. Mais à la fin de l'été 2007, la vie a pris un autre tournant. Soudainement, sans prévenir. Un matin, Jean-Luc urine du sang. Véronique se souvient qu'elle est partie au travail en se disant que cela n'annonçait rien de bon. Après des examens complémentaires, le verdict tombe : cancer du rein gauche. Le 26 septembre, c'est l'opération. Jean-Luc perd 15 kilos, s'arrête de travailler, commence une chimio et entre en congé maladie. Mais le portable continue de sonner. Il veut comprendre d'où surgit cette maladie. Il en est convaincu, elle n'est pas là par hasard. La seule chose qu'il sait, c'est que son cancer n'est a priori pas lié à l'amiante. Alors il appelle son copain Gilles Rialland. Ils se connaissent depuis les grandes mobilisations de 1992 contre la réforme des ports. Gilles n'est pas docker, il est chef de quai. Il organise les va-et-vient des bateaux, coordonne le travail des manutentionnaires et des grutiers. Titulaire d'un CAP d'ajusteur, il a commencé sa vie professionnelle comme ouvrier dans une usine, avant de se faire embaucher sur le port. Syndiqué lui aussi à la CGT, Gilles va notamment aider Jean-Luc à obtenir une mutuelle de santé pour les dockers, qui n'avaient alors pas de couverture sociale. Les questions de santé au travail, ça lui a toujours plu. Alors, quand Jean-Luc l'appelle, ce jour de la fin 2007, pour lui parler de son projet de lancer une étude pour estimer le nombre de dockers comme lui malades, Gilles est évidemment partant. Pendant une grosse année, ils vont travailler à retrouver quelque 192 dockers nantais partis en retraite depuis le début des années 1990. Ils contactent 150 d'entre eux. Et découvrent que, parmi eux, 88 étaient malades, dont 61 atteints d'un cancer. Dans la foulée, avec l'aide de Robert Guérin, un docker nazairien, lui aussi atteint d'un cancer, Jean-Luc crée l'Association pour la protection de la santé au travail des métiers portuaires. Il en devient le premier président.

Impasse de la Sapinette, la vie devient de plus en plus compliquée. En 2009, un deuxième cancer (de la thyroïde) est diagnostiqué. « Je savais que le temps était compté et qu'il fallait en profiter du mieux que l'on pouvait », raconte Véronique. Une décision est prise : la famille va acheter un chien, une autre passion de Jean-Luc. Le choix se porte sur un petit toutou de rien du tout, un cavalier king charles. Son nom devait commencer par un D. Cela aurait pu être Docker, ça a été Dubai. « Ce chien a été une délivrance pour toute notre famille. Il a accompagné Jean-Luc pendant toute sa maladie. Il le sortait tous les jours, cela le forçait à marcher un peu et à prendre l'air. » Et puis le couple essaie de faire des projets, d'imaginer ce que serait une retraite sans la maladie. Ils rêvent d'une maison en bord de mer, près d'un port. Lui pourrait regarder les bateaux, elle, la mer. Ils font même plusieurs repérages à Saint-Gilles-Croix-de-Vie. Pour les vacances de Noël 2010, ils s'offrent quelques jours à Paris, avec leur fils Dorian. Dans une librairie, Jean-Luc tombe sur le livre *Indignez-vous !*, de Stéphane Hessel, et l'achète. « C'était le mot d'ordre de son combat. » Mais son état de santé se dégrade. Véronique installe son lit dans la chambre du rez-de-chaussée pour lui éviter d'avoir à monter les escaliers. Il se bat comme un acharné. Véronique est convaincue que toute l'énergie qu'il met dans le travail de son association l'aide à combattre sa maladie.

Jean-Luc ne veut surtout pas louper ce 24 mars 2011. Dans une salle de conférences de l'hôpital Laennec, à Nantes, l'association organise sa première rencontre-débat devant un parterre de chercheurs, de médecins et de syndicalistes. Il a les traits tirés, la veille encore il lui était impossible de se lever. Mais il prend la parole pour annoncer le lancement d'une grande étude scientifique appelée Escales, financée notamment par les collectivités territoriales, pour documenter l'exposition des dockers et agents portuaires à toutes sortes de cancérogènes. Un travail de deux ans, dont Jean-Luc Chagnolleau n'aura pas le temps de lire les conclusions. Il meurt le 26 septembre 2011. Le jour de son enterrement, au cimetière du parc de Nantes, ils sont plusieurs centaines, venus de tous les ports français, à applaudir le passage du cercueil.

Véronique et l'association vont reprendre le combat. « Pour lui, je n'avais pas le droit d'en rester là. » Ça commence évidemment mal. Le 12 juin 2012, le comité régional de reconnaissance des maladies professionnelles rend un avis défavorable sur la tumeur maligne du rein gauche de Jean-Luc, déclarant « ne pas pouvoir retenir l'existence de lien de causalité directe et essentielle entre la pathologie déclarée par l'assuré et son travail habituel ». L'avis est annulé, puis confirmé un an plus tard. Mais, surprise, le tribunal des affaires de sécurité sociale demande à la caisse d'assurance maladie de prendre en charge les pathologies de Jean-Luc Chagnolleau. Pour motiver sa décision, le tribunal fait référence à l'étude Escales, parue six mois auparavant. C'est une immense victoire. Mais ce sera la seule. Ensuite, ce n'est qu'une litanie de décisions négatives. Appel, cassation, puis recours devant la Cour européenne des droits de l'homme. Fin 2019, il n'y avait plus aucun espoir de faire reconnaître la dimension professionnelle de sa maladie. Sept ans de combats pour rien. Et puis… comme un miracle, deux ans plus tard, le 20 mai 2021, un nouveau tableau des maladies professionnelles tombe. Il reconnaît les affections cancéreuses provoquées par le trichloréthylène, un solvant chimique utilisé dans l'industrie. Or Jean-Luc a été très longtemps exposé au trichlo, d'abord en tant que chaudronnier, puis comme docker.

Un an après la mort de Jean-Luc, Véronique et Dorian, 9 ans, retournent à Paris. Sans le faire exprès, ils débarquent dans la capitale le jour même de l'enterrement de Stéphane Hessel. Véronique a coutume de dire qu'il n'y a pas de hasard dans la vie. Elle emmène immédiatement son fils à l'hôtel des Invalides où se déroule la cérémonie. « Ce sera un moment historique pour toi », lui dit-elle. Depuis, le livre de Stéphane Hessel a rejoint une boîte à souvenirs, dans laquelle elle a délicatement placé des objets précieux de Jean-Luc. Elle l'a donnée à Dorian avec pour seule indication de l'ouvrir quand il se sentira prêt. Elle ne sait pas s'il l'a fait. Véronique a changé de vie professionnelle. Elle a quitté son métier d'aide-soignante. Pour arrêter de travailler la nuit, elle a commencé par faire des ménages dans une école. Puis elle a passé son CAP petite enfance. Et en 2021, le concours d'agent de maîtrise. Aujourd'hui, elle est responsable des équipes d'entretien et de la restauration d'une école primaire. Elle est très heureuse de son travail. « En fait, ma vie, ça a été prendre soin de moi, pour prendre soin des autres », dit-elle. Il lui reste cinq ans avant la retraite.

En s'occupant de l'association pendant presque dix ans à plein temps, Gilles Rialland a aussi beaucoup donné aux autres. Depuis la mort de Jean-Luc, trois autres présidents se sont succédé, mais tous sont morts d'un cancer. Alors évidemment, quand on lui a proposé la fonction, il a décliné, un peu par superstition : « C'est intéressant de s'occuper de la maladie des autres, mais c'est lourd. » Il déplore que les jeunes ne prennent pas la relève. Aujourd'hui, il aimerait prendre un peu de distance afin d'avoir du temps pour militer à la France insoumise. Depuis un an, lui, ce Nantais de toujours, habite avec sa femme en terrain ennemi, à Saint-Nazaire. Depuis la promenade qui longe la plage, il peut voir entrer et sortir les bateaux de l'estuaire de la Loire. Ça le rend heureux. Christian Roche, lui, vient d'arrêter sa pratique du krav maga. Il partage désormais son temps entre les Restos du cœur, son association d'aide au Bénin, la gestion de la salle de sport municipale, sa femme, Isabelle, et ses quatre filles, et enfin son rôle de père de famille d'accueil pour des jeunes placés. Lui qui a subi pas loin de vingt fractures en tout genre (côtes, vertèbres…) à cause de son métier de docker vit avec « une épée de Damoclès au-dessus de la tête », comme il dit : on lui a décelé depuis longtemps des traces d'amiante sur la plèvre. Certes il est suivi, « mais si on me détecte un cancer, ce sera trop tard. J'en aurai pour six mois », lâche-t-il comme un caillou dans la mer.

Le 5 novembre 2022, Gilles, Véronique et Christian se sont retrouvés au Centre d'histoire du travail à Nantes, avec une soixantaine d'amis et de proches.

Véronique tenait à cette journée, pour remercier tous ceux qui se sont battus à leurs côtés, et rendre un dernier hommage à Jean-Luc. Pour l'occasion, Dorian, qui s'imagine peut-être devenir docker à son tour, avait préparé un petit film sur son père. Dans un court extrait, Jean-Luc apparaît, assis au milieu de la verdure, avec ses lunettes rectangulaires sur le nez, qui lui donnent un petit air de professeur : « Je voudrais savoir si j'ai une part de responsabilité dans cette maladie, car on a forcément une forme de culpabilité quand on est malade. Mais la responsabilité est peut-être à chercher du côté de ma profession. Alors j'aurais bien aimé avoir une réponse à cette question-là. »

Anne-Marie

par Sofia Fischer

Il existe une règle tacite dans le monde du journalisme : il faut éviter d'écrire sur ses proches. Et, par extension, sur les proches de ses proches. C'est une zone taboue sur laquelle pèse une suspicion, une certaine présomption de connivence. Ne pas tromper le lecteur, rester loin de sa matière, métaboliser tout ça tranquille, loin. Recracher ce qu'on a entendu, noté, recoupé, une fois le bureau sagement regagné.

Je vais ici déroger à cette règle. Anne-Marie Trancart, dont il est ici question, est la grand-mère d'une amie. Et pas n'importe quelle amie, de celles qui traversent des pays entiers pour vous tenir la main quand vous déposez, tremblante, votre plainte dans un commissariat. Une amie que j'ai dû retenir plusieurs fois avant que son poing ne se retrouve dans la figure d'un mec qui m'avait un peu trop emmerdée en soirée. Elle est de celles qui, tant qu'il y aura la guerre, iront au front. Le matin, elle se lève avec une envie de bouffer la terre entière, habitée dès l'aurore par une vibration particulière, quand le reste du monde en est encore à regarder couler le café. Voilà plus de dix ans que je me demande d'où vient cette énergie. Puis est venu ce projet de livre sur les histoires de vies avortées, sur ces années passées à travailler, des décennies subies *dans l'attente de*, et puis, tout à coup, plus rien. Et Joséphine (parce que c'est son nom, à mon amie, Joséphine, comme Baker, Butler, et comme dans la chanson de Bashung) m'a parlé de sa grand-mère Anne-Marie. Parce qu'il y a plus précaire encore que les précaires : il y a leur femme.

Anne-Marie était l'aînée de quatre sœurs. Elle a donné naissance à deux filles. Et ces filles, elles aussi, n'ont eu que des filles, dont Joséphine. Ce sont deux générations de femmes à qui elle a légué une leçon malgré elle, celle que « peut-être » et « demain » ne recèlent rien. Surtout qu'un homme peut surgir et prendre le peu qui reste sur son passage. Toutes sont héritières de cette histoire.

« Elle croyait que la retraite serait son salut », m'explique Joséphine alors qu'on s'envoie une bouteille de blanc dans un restaurant de Montpellier.

J'ai proposé ce dîner toutes les deux pour qu'on puisse parler tranquilles. Mais le l'endroit est bondé, et on partage une grande table avec d'autres filles qui parlent fort. Joséphine, elle, retient ses larmes. Ça me fait une sensation étrange, elle ne pleure jamais, d'habitude.

« Son salut de quoi ? – De tout. Elle avait décidé que c'était le moment où elle pourrait enfin faire autre chose que ce qui était attendu d'elle. Sauf qu'elle est morte juste avant. »

Fille d'un père militaire et d'une mère pied-noir, Anne-Marie naît à Loches en 1943. La ville fortifiée, à 17 kilomètres de la ligne de démarcation, venait de passer sous occupation allemande. Après la guerre, la famille déménage au gré de la carrière paternelle : Thionville, Baden. Anne-Marie, elle, décide vite qu'elle a envie d'autre chose. De faire des études à Munich, pour commencer. Son père refuse – la majorité, à l'époque, était fixée à 21 ans, et puis vivre seule quand on est une femme, ce n'est pas raisonnable. Anne-Marie part quand même, malgré la colère de son père, vend des journaux dans la rue pour se payer de quoi se loger et se nourrir. À Munich, elle rencontre un bel Allemand, étudiant en architecture. Mais elle ne vient pas d'une assez bonne famille, et il doit se concentrer sur ses études, lui dit-il. Anne-Marie et son chagrin d'amour s'installent dans une chambre de bonne à Paris. Elle tente une licence de langues. Lors d'un dîner à laquelle la traîne sa meilleure amie, elle rencontre Jean-Pierre, le fils d'un grand résistant. Et en tombe follement amoureuse.

Quelques mois plus tard, elle débarque chez ses parents le ventre rond pour annoncer qu'elle attend un enfant. Elle a 19 ans. « Ne te sens pas obligée de l'épouser, lui disent-ils alors. Finis tes études. On t'aidera. » La famille du fils de résistant, elle, n'est pas du même avis. Ils auraient préféré pour leur fils une jeune femme « issue d'une meilleure famille », mais un enfant hors mariage, ça fait brouillon.

Le couple est alors marié en vitesse, un jour de décembre, à Paris. Anne-Marie porte un manteau noir et une rose blanche à la main. Elle est enceinte de presque six mois, mais sa gabardine en laine très large et sa taille fine le cachent bien. Elle sourit au photographe, le regard un peu triste. Sur les images, on ne voit pas la famille du fils du résistant. Personne ne parvient à se souvenir si elle est venue.

Anne-Marie est belle. Une sorte de mélange entre Jeanne Moreau et Sophia Loren – on l'arrête dans la rue pour le lui dire. Elle accouche d'une petite Laure en mars, au retour des beaux jours. Elle tente un temps de laisser l'enfant à ses beaux-parents pour finir ses études, mais renonce rapidement. Elle n'aime pas être séparée de sa fille, alors tant pis pour la licence. Trois ans plus tard, elle accouche d'une autre fille, qu'elle appellera Anne.

J'ai demandé à Joséphine si je pouvais poser des questions à sa mère, Laure, et à sa tante, Anne. Elles ont accepté de bonne grâce de déplier avec moi leur enfance, alors même qu'elles ont passé des années à tenter de l'oublier. Elles m'ont raconté comment, petites, elles voyaient leur mère comme une « fée ». C'est le mot qui revenait souvent. Elles m'ont montré des photos. C'est vrai qu'on aurait dit une star de cinéma. Le cheveu brun parfaitement coiffé, la jambe fuselée, l'œil velouté surligné d'un trait d'eye-liner noir – le même trait que Joséphine dessine religieusement sur ses yeux bleus depuis qu'elle est adolescente.

De loin, le tableau ressemble à celui de beaucoup de très jeunes mères au foyer de l'époque. Le problème, c'est que le fils du résistant boit de plus en plus. En fait, il boit depuis son service militaire. Sa vie de vingtenaire précipité dans la conjugalité n'a fait qu'empirer les choses. Chez eux, à Évreux, Anne-Marie, Laure et Anne apprennent à guetter son état d'ébriété en fonction de la lourdeur de ses pas. Les soirs difficiles, elles sont toutes les trois au premier rang de sa colère, de son impatience et de ses fantômes. Elles évitent les insultes en s'enfermant dans leur chambre ou dans la salle de bains. Le lendemain des crises, dans la rue, elles regardaient le sol, parce que « tout le quartier entendait ».

Jean-Pierre enchaîne les boulots de VRP pour des entreprises d'huiles de moteur ou pour des casques de chantier, mais ne garde jamais un poste très longtemps. Anne-Marie a beau essayer d'en parler à ses beaux-parents, on lui explique que c'est de sa faute. « S'il était heureux avec toi, il ne boirait pas », rétorque son beau-père. Un jour, en vacances sur la Côte d'Azur avec eux, Anne-Marie fait une fausse couche. Elle est dévastée. Son beau-père l'accuse « de s'être avortée ».

Il se contente de maintenir la famille sous perfusion financière pour qu'elle ne perde pas son logement. À la maison d'Évreux, personne ne vient. Les filles n'invitent pas de camarades de classe. L'alcool est un poison qui isole.

Les longs week-ends, parfois, Laure et Anne vont chez leurs grands-parents paternels, dans leur appartement haussmannien de Neuilly-sur-Seine. Le midi, elles descendent manger en robes à smocks avec d'autres familles de résistants à la brasserie du coin de la rue.

L'été, elles le passent avec leurs parents dans la maison de famille d'Anne-Marie, à Arcachon. Là-bas, il y a des rats dans les murs, il faut tenir les fenêtres avec des balais les jours de tempête, mais les deux sœurs adorent. Les bains de minuit, la pêche aux lavagnons qu'il faut sentir en frôlant le sable avec la plante des pieds, les jeux à inventer avec les autres gosses. Les enfants sont laissés à la merci du soleil qui tape et des heures qui passent, « comme des chiots ravis », disent-elles. Leur père, lui, part à 7 heures du matin au troquet du coin pour commencer à boire, mais c'est seulement « quand il pétait un boulon », qu'un des hommes lui disait simplement « Allez, Jean-Pierre, on va faire un tour ». Bien plus tard, quand Laure a entendu Chirac parler du changement climatique et dire cette fameuse phrase : « La maison brûle et nous regardons ailleurs », elle a repensé à ces étés où les adultes resservaient du vin à table.

Parfois, au gré des cures, la famille vit un entracte. De brefs sursauts où les filles et leur mère découvrent un Jean-Pierre sobre, qui laisse douloureusement entrevoir ce à quoi leur vie aurait pu ressembler. Un quotidien avec un homme drôle et affectueux. Le dimanche, il joue ses trente-trois-tours, du jazz Nouvelle-Orléans, ou du rock. Parfois, il sort même son train électrique. Si les filles respectent l'interdit formel de toucher aux disques comme au train, alors le dimanche est agréable. Quelquefois, il y a aussi du Polnareff ou du Barbara, ou même *Salut les copains,* pour Anne-Marie.

À ce moment-là de l'histoire, souvent, Anne se mettait à pleurer. Alors, j'ai eu honte de l'exercice. Faire pleurer des femmes de l'âge de ma mère sur les projets avortés de la leur, ça n'avait pas de sens. Et puis je me suis souvenue de l'autocollant que Joséphine colle partout. Une citation d'Annie Ernaux : « La lutte est sans fin. Mais après tout, pourquoi pas ? C'est bien, la lutte. »

Et j'ai repris le fil de mes questions.

Elles me racontent que, quand Anne-Marie a eu 30 ans, Jean-Pierre a cessé de travailler. Le couple avait tenté de faire illusion le plus longtemps possible : le soir, Anne-Marie allait chercher son mari au boulot. Elle l'attendait dans des parkings sordides du Prisunic où il travaillait, avec les filles en pyjama sur la banquette arrière, pour lui éviter de prendre le volant alcoolisé. Mais il avait fini par perdre tous ses emplois les uns après les autres, et elle a dû trouver de quoi faire vivre la famille. Les filles avaient 9 et 12 ans ; elles savaient préparer un repas et faire une lessive, désormais. Alors Anne-Marie est devenue prof d'allemand.

En plus de s'occuper du jardin, laver le sol, récurer les casseroles, faire les courses, plier les draps, frotter le linge, préparer les haricots, surveiller les devoirs, coucher le mari qui titube, payer les factures et le reste, elle devait corriger les copies, le soir, quand la maison s'endormait. Elle avait décidé de faire aimer l'allemand à ses élèves, et de leur faire chanter *Stille Nacht, heilige Nacht* à la fête de Noël du collège. Elle commençait sa vie de prof dans la nuit, une fois ses vies de jour terminées.

À 43 ans, Anne-Marie décide qu'elle aimerait gagner plus d'argent, pour voir venir la suite. Elle devient employée de bureau à la mairie d'Évreux et s'inscrit à un diplôme d'études spécialisées en gestion des territoires à la fac de Rouen. Les copies du soir se transforment en partiels à réviser. Là-bas, à Rouen, elle rencontre Michel, pour qui elle quitte Jean-Pierre. Une fois son diplôme obtenu, elle emménage avec lui dans une maison de granit à Plurien, en Bretagne.

Plurien. Je ris jaune devant Laure. C'est tellement gros que je dois regarder sur Google si ça existe vraiment. Eh oui, c'est bien là. La première photo montre un homme seul qui marche par temps gris sur une plage grignotée par la mer. « C'est drôle comme la vie écrit parfois les choses à notre place », me dit la sœur en relisant mon texte.

À ce moment-là, Anne a 18 ans. Elle reste seule à Évreux. Laure, elle, est partie à Paris pour fuir son père.

En Bretagne, la joie du jeune couple est de courte durée. Dans leur maison au milieu des champs, les violences se multiplient. Michel, lui aussi, est alcoolique. La mairie de Saint-Brieuc, où Anne-Marie a réussi à se faire embaucher, finit par trouver en urgence un petit appartement de fonction pour Anne-Marie pour qu'elle puisse quitter la maison de granit. C'est un studio à côté d'une usine de traitement des déchets. Ses filles viennent la voir. Parfois, des odeurs acides passent par les fenêtres.

« Ce n'est pas pour longtemps », les rassure Anne-Marie.

Elle achète une petite maison à Saint-Brieuc et fait venir un maçon, Gérard. Lui aussi est porté sur la boisson. Anne-Marie en tombe amoureuse. Il ne repartira jamais de chez elle. Comme les chiens cabossés par la vie qu'elle adoptait, Anne-Marie essayait de le réintroduire au monde.

Aujourd'hui, en retraçant les histoires d'amour de sa mère, Laure y lit une sorte de malédiction. Sur des générations, les femmes de sa famille ont été des mères célibataires et des filles-mères.

« Ce sont des Amazones terribles, dit-elle. Des Amazones qui ont le mauvais œil. » Je l'interroge du regard. Elle hausse les épaules. « On tombe follement amoureuses, mais rarement du bon. »

Laure ne le sait pas, mais le jour où elle a voulu présenter son futur mari à ses parents, sa petite sœur a failli se battre avec leur père. Elle avait 24 ans. Avant l'heure du dîner, Jean-Pierre est déjà saoul. Anne est alors prise d'une rage folle. Elle regarde son père dans les yeux et lui ordonne de monter se coucher. « Monte dans ta chambre ou je te fracasse le crâne, lui dit-elle. Monte, je te dis. » Elle n'a plus peur ; elle veut simplement protéger sa grande sœur de la honte de leur enfance, sa grande sœur qui va arriver d'un instant à l'autre avec l'homme dont elle est tombée amoureuse. Jean-Pierre va péniblement se mettre au lit, et ne reverra son gendre que le jour de son mariage. Quelques années plus tard, alors que Laure sera à la maternité en train d'accoucher de Joséphine, il sera retrouvé mort, étouffé dans son vomi.

Ses filles le disent avec une pointe d'amertume, patinée par des années de psys : toute sa vie, Anne-Marie est restée au chevet d'hommes qui buvaient leur chagrin. Elle s'est effacée derrière eux. Pourtant, plus haut dans la lignée d'Amazones, il y a eu Suzanne. Suzanne, la mère d'Anne-Marie, arrière-grand-mère de Joséphine, qui a renversé la table pour l'amour de Nicole, la caissière du supermarché d'à côté. Une femme incroyable. Parce qu'un jour Suzanne a dit « merde ».

Elle a fait ça bruyamment, un soir d'été, devant toute la famille. L'origine de la scène diffère selon celui qui la raconte. Que ce soit par égoïsme ou par fatigue de retenir tout un être en réserve ; toujours est-il qu'à 84 ans, Suzanne, devant ses quatre filles, ses deux petites-filles et son arrière-petite-fille, a tout envoyé valdinguer. C'était un dîner du mois d'août, la famille était attablée dehors, dans le jardin de la maison d'Arcachon. Suzanne avait, comme d'habitude, préparé le repas. C'est là qu'elle a annoncé qu'elle avait rencontré la caissière du supermarché d'à côté, Nicole, de quarante ans sa cadette, et qu'elle en était tombée amoureuse. Elles allaient partir en vacances ensemble, peut-être même faire du kayak. Devant les protestations de ses filles (« Mais enfin, maman, tu as perdu la boule ? ») et le silence gêné de son mari assis à côté, Suzanne a tapé du poing sur la table : « Vous m'emmerdez ! De toute façon, votre père ne m'a jamais fait jouir. »

Peut-être que Suzanne a raflé toutes les permissions. Ou que, à presque 60 ans et après trois compagnons alcooliques, Anne-Marie se disait qu'il était trop tard. Mais, à ses filles, elle ne cessait de répéter qu'aux hommes, « il fallait tenir la dragée haute », sinon ils vous embobinaient. Elles lui rétorquaient que c'était bien beau, de dire ça, mais qu'elle ne l'avait jamais appliqué à elle-même, et leur mère répondait sur un ton grave : « Justement. »

Peut-être, aussi, qu'il fallait les moyens pour partir. Et le temps. Au fur et à mesure des années passées à la mairie de Saint-Brieuc, Anne-Marie prend de plus en plus de responsabilités, fait des heures sup, gravit patiemment les échelons. Elle finit par prendre en charge les services commerciaux de la ville : parkings, campings, foires, tous ces postes qui rapportent des sous à la commune. Elle est fière de ce boulot. Les journées de plus en plus longues, elle travaille de plus en plus. Elle s'épuise. « Quand les gens disent que les fonctionnaires ne foutent rien, j'aimerais qu'ils aient vu ma mère », peste souvent Laure.

Au fur et à mesure, à la mairie, des gens plus jeunes sont recrutés, des rivalités se créent. Anne-Marie continue à défendre son bout de gras, à travailler comme une acharnée, mais c'est de plus en plus dur. Alors elle se construit une oasis mentale, à horizon de la soixantaine. La *retraite.* Elle a à peine 55 ans, et soudain elle ne parle plus que de ça, comme un disque rayé, quitte à agacer ses filles. Toutes ses phrases commencent désormais par « quand je serai à la retraite », comme une prophétie.

Pendant ses pauses-déjeuner, elle va voir le banquier pour prévoir le financement de ses « vieux jours ». Elle a prévu d'acheter une petite maison à Arcachon. Elle partira sillonner l'Europe avec son camping-car. Elle n'a jamais pu voyager, ça sera l'occasion de rattraper le temps perdu. Même si Gérard, son compagnon, n'est pas d'accord (lui veut rester en Bretagne), elle griffonne des dizaines de plans de sa future maison. Elle a un bon coup de crayon. Le camping-car, elle en a déjà un, mais il faudra changer de modèle, en prendre un sans capucine, plus facile à manœuvrer. Elle ne se contentera plus de la France, cette fois-ci elle ira vers l'est, retrouver l'Allemagne, et puis descendra vers la Croatie, la Grèce. Elle a toujours aimé la mer.

Ce camping-car avait été le vaisseau de toutes les libertés. Pendant les vacances, elle embarquait ses filles et ses petites-filles pour des *road trips*. Ensemble, elles sillonnaient la Bretagne, passaient des nuits planquées sous les pins au bord des plages, pêchaient dans les rochers, mangeaient des tomates au sel sur des chaises de camping. Laure se souvient des touristes en marcel, glacière à la main, qui attendaient de voir sortir le bonhomme qui venait de garer cet immense engin avec une facilité déconcertante. Et de leur tête quand une grand-mère, une jeune femme et deux gamines sortaient en riant du camping-car.

Au restaurant, l'évocation du camping-car a séché immédiatement le spleen de Joséphine. Ses yeux s'allument. Soudain tout agitée, elle me raconte les immenses cartes IGN que sa grand-mère dépliait dans l'habitacle, de la pointe du Raz à l'île de Batz, les pannes d'eau et d'électricité, les gendarmes à amadouer quand elles recevaient une amende. Les longues départementales où elle et sa sœur, assises sur la banquette arrière, montraient leurs fesses aux conducteurs. L'odeur de la laque qu'Anne-Marie mettait tous les matins. Les plantes qu'elle allait chercher dans les bois quand elles se faisaient piquer par un insecte.

De sa hauteur d'enfant, elle voyait Mamie Bretagne un peu comme une affranchie : une femme qui a eu plusieurs vies, plusieurs maris. Elle avait un côté sorcière, avec ses plantes, et sa manie d'aller se baigner quelle que soit la température. Et puis elle lui avait offert la liberté. Mais des années plus tard, maintenant que je lui demande ce qu'elle pense de tout ça, alors qu'on vient de s'envoyer une bouteille de vin, les choses se compliquent. Merde. Est-ce qu'elle était si affranchie que ça ?

Parce qu'elle a commencé à travailler tard, Anne-Marie ne pourra pas prendre sa retraite avant ses 64 ans. Elle a fait ses calculs, et ça l'a un peu découragée. Alors, pour patienter, elle épluche les annonces immobilières, elle étudie les itinéraires en van. Six mois avant l'horizon promis, en plein conseil municipal, elle perd le contrôle de son bras. Comme ça, un instant. Quelques mois plus tôt, c'est vrai, elle avait aussi fait une chute étrange dans le jardin. Elle a 63 ans.

À Anne-Marie, le médecin dit qu'elle a une tumeur au cerveau, mais qu'ils vont l'opérer, que tout rentrera dans l'ordre. À sa fille, qu'il emmène dans une pièce à côté, prétextant de la paperasse, il dit : « Il ne lui reste que quelques mois. Il ne faut pas pleurer, prévient-il. Elle ne doit pas savoir qu'elle est condamnée. »

Mais Anne-Marie a bien compris. Pour faire comme si, elle décide quand même de commencer à rénover le garage de la maison de ses parents, à Arcachon. Un studio rien que pour elle, pour sa retraite. Toute sa vie, elle a chiné dans les vide-greniers, sa maison était pleine d'objets qui attendaient d'être réparés, repeints ou polis pour une deuxième vie.

Un jour, lors d'une balade, Anne tente quand même de parler avec sa mère de ce qui l'attend. Anne-Marie répond simplement qu'elle en a « pris son parti ». C'est comme ça. Mais dans les moments où elle perd encore quelque chose – un mot, un prénom, ou la possibilité de tenir une tasse –, ses filles remarquent bien qu'il y a de la rage dans ses yeux.

Pour sa dernière sortie, Anne-Marie avait demandé à Anne de l'emmener au lac de Sanguinet. C'était un des endroits qu'elle aimait le plus au monde, dans les Landes. Ils avaient garé le camping-car près de la plage de sable fin à l'ombre des pins, et avaient installé la table pliante avec un plateau de fruits de mer. C'est là, devant les huîtres, que la tumeur a décidé d'envoyer sa dernière salve. Anne-Marie n'arrivait plus à déglutir. Elle a été emmenée d'urgence aux soins palliatifs à Bordeaux.

Pendant trente-sept jours, ses filles et Gérard, son compagnon, se sont relayés pour lui masser les mains et mettre de la musique dans sa chambre. Joséphine aux yeux surlignés d'eye-liner est venue lui lire des poèmes. Anne-Marie est morte au retour du printemps.

Aujourd'hui, Joséphine passe ses journées, ses soirées et parfois ses vacances à tenir le gouvernail de l'association féministe qu'elle dirige. Combien de fois l'ai-je vue décrocher son téléphone, à Naples, en Provence ou en Camargue, pour amadouer une fondation ou draguer une sombre institution européenne ? Laure, elle, vit seule dans sa jolie maison et travaille aussi sans relâche. Elle a 59 ans. Ses parents étant morts avant la retraite, « je ne sais pas à quoi ça ressemble », dit-elle. Elle voit bien la date fatidique s'approcher, mais elle n'arrive pas à se projeter. Elle préfère brûler la vie par les deux bouts, emmener ses filles à Rome ou à Moscou ; et pour le reste, on verra.

Anne et Laure ont choisi une petite place sous un saule pleureur pour déposer les cendres de leur mère.

Pour la cérémonie, elles tenaient absolument à passer ses chansons préférées. Celles des dimanches et des bons souvenirs. Mais le diacre ne voulait pas de Barbara ou de Brel dans son église. Une de leurs tantes a dû aller toquer chez lui, un soir, pour le supplier de passer les morceaux qu'elles avaient choisis. Sa femme, debout à côté de la porte, l'avait sermonné : « Mais enfin, arrête d'être aussi coincé, mets les musiques qu'elle aimait, bon sang. »

Encore un bonhomme qui dit non, et une femme qui insiste.

Elles ont eu leurs chansons.

Toumany

par Julia Pascual

Son cœur pesait un peu plus de 400 grammes. C'est ce que décrit le rapport d'autopsie médico-légale pratiquée à la demande du procureur de la République de Paris. C'est la marche à suivre en cas de mort dite suspecte. Toumany Konaté, travailleur sans-papiers, est décédé sur son lieu de travail, d'une crise cardiaque. Il était terrassier.

Dans le secteur des travaux publics, le terrassier est l'ouvrier qui creuse et déblaie la voirie pour préparer un terrain. Un métier physique, manuel, que Toumany Konaté pratiquait depuis des années, comme intérimaire. Pour ce chantier, l'intitulé de la mission disait : « balisage de chantier » ; « travaux de fouilles et de chantier » ; « guidage de la minipelle » ; « nettoyage ». En somme, il devait, pour accéder à des vestiges archéologiques, faire des trous dans le sol. Il n'est pas ressorti de l'une de ces tranchées.

La veille de sa mort, Toumany Konaté allait bien. C'est en tout cas ce dont se souviennent ses voisins. Comme à l'accoutumée, il avait discuté avec eux, dans la petite chambre de la résidence sociale où il vivait, dans le 13e arrondissement de Paris. Un foyer de migrants de six étages géré par un mastodonte de l'hébergement social et refait au propre il y a quelques années. « On a mangé et causé tranquillement, on est restés ensemble et à 23 heures on s'est couchés », se souvient Yacouba Konaté, l'un de ses cousins et colocataires, un homme à la silhouette élancée. « Le lendemain, il s'est levé pour aller au travail. »

Toumany et Yacouba vivaient ensemble au troisième étage du foyer, avec Makan Konaté, un autre cousin. Tous sont originaires du même village soninké de Koumarenga, à Kayes, la première région d'émigration du Mali, située à l'ouest du pays, et que de nombreux hommes quittent pour rejoindre la France. Ils vivent dans des foyers de travailleurs ; envoient tous les mois de l'argent aux familles restées au pays. Une vie de labeur en espérant atteindre la retraite pour vivre leurs dernières années avec les leurs.

Dans la chambre de Toumany et de ses deux cousins, une petite pièce équipée d'une kitchenette et d'une douche, la vie s'organisait dans la promiscuité. L'un dormait sur un lit, le second dépliait un lit Picot le soir. Toumany, lui, déroulait un tapis de sol. Il est toujours là, plié dans un coin. Et le rituel immuable du soir se perpétue en son absence. À la fin de leur journée de travail, les Maliens de Koumarenga qui vivent au foyer remisent leurs habits de chantier et se réunissent à quelques-uns dans la chambre. En « famille », ils partagent les nouvelles, se délassent, préparent du thé, décortiquent mécaniquement des arachides en suivant d'un œil distrait un programme de l'ORTM 1, la chaîne publique malienne, ou le journal du soir de France 3 Île-de-France.

Tous ici triment dans les travaux publics, et plus particulièrement dans « les réseaux ». C'est ainsi que ces ouvriers évoquent leur métier, qui consiste à « installer ou remplacer tout ce qui est enterré, le gaz, l'électricité, l'eau ou encore la fibre optique », comme l'explique Darama Konaté, un autre cousin. Au quotidien, ils manient surtout la pelle, la pioche, la barre à mine et le marteau piqueur. Des tâches difficiles qu'ils accomplissent comme l'a fait avant eux la première génération des migrants venus de Kayes. Le père de Toumany, Sambou, agriculteur de métier, a lui-même été employé dans les travaux publics en France jusqu'en 2010. Puis il est rentré vivre au Mali. « On n'a pas étudié, on n'a pas le choix », confie Makan, 55 ans et la carrure épaisse d'un homme qui a passé vingt ans sur les chantiers. Arrivé en France en 2001, il travaille aujourd'hui en intérim pour une filiale de la major du BTP Vinci. En France, environ 15 % des emplois occupés par des immigrés correspondent à de l'intérim. Et un quart des ouvriers du gros œuvre sont des immigrés.

Toumany, « c'était un gars sérieux », dit Makan. Quand il n'était pas en mission d'intérim, il passait le plus clair de son temps au foyer. « Il ne se bagarrait pas, il cuisinait, il faisait le thé, il était gentil. » Il fumait aussi. Beaucoup. « À peu près un paquet par jour », se souvient Yacouba. Il avait également eu des soucis de santé à l'œil droit. Bénéficiaire de l'aide médicale d'État, un dispositif d'accès aux soins pour les personnes en situation irrégulière, il avait d'ailleurs subi plusieurs interventions, dont une chirurgie de la cataracte et une opération suite à une infection oculaire. Il lui en restait des séquelles, cet œil comme taché et abîmé.

Au foyer, les amis de Toumany regardent le futur avec une forme de résignation. « Une retraite ? Peut-être, tant que la mort n'est pas arrivée », plaisante Makan. Mais il sait qu'une retraite complète est impossible. « De toute façon, beaucoup meurent avant », sait Darama. « Moi je n'ai cotisé que onze ans. Avant, je n'étais pas déclaré ou alors les fiches de paie n'étaient pas à mon nom », explique à son tour Yacouba. Assis à côté d'eux, dans la petite chambre, Diana Sissoko, le plus ancien, sort de son silence. Lui compte bien prendre sa retraite. « J'ai 63 ans cette année, je suis en France depuis 1986 et j'ai cotisé 122 trimestres. » Il a bien étudié une simulation que lui a envoyée l'administration. Il aurait d'ores et déjà droit à environ 800 euros de pension. En ce moment, Diana Sissoko est intérimaire sur un chantier de démolition de bureaux dans le quartier des affaires de la Défense, dans les Hauts-de-Seine. S'il travaille encore deux ans, sa pension pourrait atteindre les 1 000 euros. Mais il n'a plus la force, dit-il : « J'en ai marre, je suis fatigué. Je veux rentrer. »

Le 10 juin 2022, le cercueil de Toumany Konaté a été transporté dans un avion au départ de Paris. Makan l'a accompagné jusqu'au village de Koumarenga. Ses camarades de foyer se sont cotisés pour rapatrier le corps. Une pratique courante entre travailleurs immigrés. L'assurance d'être enterré au pays. Une façon de préparer le pire. La facture des pompes funèbres a été éditée au nom de l'association pour le développement du village de Koumarenga, dont Toumany était membre. Le même jour, exactement, la CGT Intérim a organisé un rassemblement devant l'hôtel Mercure de Saint-Ouen (Seine–Saint-Denis) où se tenait l'assemblée générale des actionnaires du groupe de travail temporaire CRIT, pour qui Toumany travaillait. *L'histoire de M. Konaté est celle de dizaines d'ouvriers du bâtiment et des travaux publics, victimes d'accidents du travail, car soumis à des conditions de travail difficiles, voire dégradées,* dit le tract syndical publié à l'occasion. *Son histoire est aussi celle [...] de dizaines de milliers de travailleurs migrants, en majorité intérimaires, surexploités et discriminés dans leurs droits essentiels parce que sans titre de séjour valable.*

La CGT voulait pousser la boîte d'intérim à reconnaître Toumany Konaté comme un de ses travailleurs, alors qu'officiellement celui-ci était employé sous le nom de Brahim Tounkara, un « alias ». À l'agence CRIT du 10e arrondissement, spécialisée dans les travaux publics, il s'était présenté avec le titre de séjour de cet autre Malien. Cette pratique, qui consiste à utiliser les papiers de quelqu'un en règle pour pouvoir se faire embaucher, est courante. Les employeurs ignorent ou feignent d'ignorer cet usage dans un non-dit qui sied à tous : celui qui a besoin de main-d'œuvre comme celui qui a besoin de vivre.

Makan et ses camarades du foyer n'ont rien su du rassemblement organisé par la CGT devant l'hôtel Mercure. Ce jour-là, il n'y avait qu'une vingtaine de militants syndicaux chevronnés, venus défendre les droits d'un travailleur anonyme qu'aucun d'eux n'avait jamais rencontré. Parmi leurs revendications : le versement d'une indemnité à la famille de l'intérimaire sans-papiers. Dans le jargon juridique, on appelle ça le capital décès. Il permet d'aider les proches d'une personne morte dans le cadre de son travail à compenser en partie la perte de ressources occasionnée. Pour l'instant, la femme et les enfants de Toumany n'ont encore rien perçu.

Toumany n'était pas le seul travailleur dépourvu de papiers, au foyer. Makan possède à présent un titre de séjour mais, avant d'être régularisé en 2013, il a travaillé sans papiers pendant plus de dix ans. « On est tous passés par là », déclare-t-il. Yacouba et Darama ont eux aussi travaillé sans papiers durant des années avant d'être régularisés. Toumany a fait de nombreuses démarches pour officialiser son existence en France. Mais il est toujours resté cantonné aux limbes du système. À l'anonymat de sa condition. À une certaine invisibilité. Son parcours administratif est allé s'échouer dans tous les recoins du droit des étrangers. En 2000, année de sa première venue en France, il demande l'asile. Et essuie un premier refus. En 2003, il engage des démarches pour obtenir un titre de séjour pour soins. Nouvel échec. En 2005, las et éloigné de sa femme Kandia depuis cinq ans, il rentre au Mali. « Là-bas, pour vivre, il cultivait du maïs, du mil, de l'arachide », relate Makan. Mais sa famille s'agrandit. Il est bientôt père de quatre enfants et doit être à la hauteur de son statut de chef de famille. En 2015, il laisse sa femme et ses enfants, comme beaucoup d'autres, et retourne alors en France, « chercher sa chance ».

À Paris, Toumany retrouve ses cousins, le foyer, les « réseaux » et leurs tranchées. Les bons mois, il parvient à envoyer 200 ou 300 euros au pays, à sa mère et à sa femme en particulier. Mais il n'a toujours pas de papiers. Et ne parvient pas à faire aboutir une nouvelle demande de titre de séjour pour raison de santé. Une personne sans-papiers peut être régularisée en raison du travail qu'elle exerce, à titre exceptionnel, et selon le pouvoir discrétionnaire du préfet du département où elle réside. Pour cela, elle doit remplir certaines conditions de présence en France et d'ancienneté dans son poste, listées dans une circulaire ministérielle de 2012. Compte tenu de la prévalence des temps de travail morcelés dans leur secteur, les intérimaires doivent répondre à des conditions spécifiques : être en France depuis au moins cinq ans, prouver qu'ils ont travaillé plus de 910 heures sur les deux dernières années et présenter une demande d'autorisation de travail remplie par leur employeur.

Toumany avait décroché un rendez-vous en préfecture pour déposer une demande de régularisation, croit savoir Yacouba. Il est mort avant qu'elle n'aboutisse. Finalement, « Il est venu pour avoir quelque chose et il n'a pas réussi », dit Makan. « On le regrette et tous les jours on prie pour lui mais ce qui est arrivé est arrivé, on ne peut rien faire, c'est Dieu qui a décidé. Tout le monde va y passer », ajoute l'ouvrier, fataliste.

Toumany Konaté a été retrouvé par un de ses collègues, assis et inerte, le 23 mai 2022, au fond d'une tranchée. Là, dans les beaux quartiers du 6e arrondissement parisien. Les secours n'ont pas pu le ranimer. Il a succombé à un arrêt cardiaque. Il avait 51 ans.

L'examen a révélé une coronaropathie. Les artères bouchées. Le sang qui n'irrigue plus le cœur. Et, par un matin de printemps, l'infarctus. Le téléphone de son colocataire et cousin, Yacouba, a sonné vers 10 heures du matin. C'est à lui qu'on a annoncé en premier la mauvaise nouvelle, lui qui est allé à la morgue de Paris reconnaître le corps de son cousin. « Personne n'aurait dit qu'il était malade » se souvient Yacouba.

Du parcours erratique de cet homme discret, il ne reste rien en France que les souvenirs de ses camarades et un Bargo – un bidon de plastique bleu – qui contient quelques-uns de ses effets personnels. Il est entreposé dans un coin de la chambre du foyer en attendant d'être complété et envoyé au Mali par fret maritime. À l'intérieur, des paires de chaussures et des vêtements qui appartenaient à Toumany, aujourd'hui destinés à son fils aîné. Il y a aussi un petit sac à dos noir en toile. Tout à fait ordinaire. Il contient, réparties dans des chemises cartonnées et colorées, les preuves d'une vie en France. Au fil du temps, Toumany avait soigneusement trié par année tous les documents dont il disposait, pour obtenir sa régularisation. *Manque de preuves*, est-il annoté de façon manuscrite sur certaines des chemises. Un mois avant son décès, il récupérait encore une attestation d'hébergement lui permettant de prouver sa domiciliation à Paris.

Au hasard de ces documents amassés, désormais tombés dans l'oubli et définitivement vains, le courrier d'un médecin généraliste recommandant à un « confrère » d'examiner son patient. Il y est précisé : *Urgent – Cardiologie* en raison d'une hypertension élevée décelée chez Toumany. Daté du 4 janvier 2022, cinq mois avant l'infarctus, il restera lettre morte.

On trouve aussi, pêle-mêle, des ordonnances médicales, des comptes rendus hospitaliers, des examens radiologiques, des déclarations d'impôt, des relevés bancaires remontant jusqu'à 2003, des factures de titres de transport, des cartes de bénéficiaire de l'AME, ou encore une grille de loto vierge. Toumany aimait tenter sa chance.

Il ne se déplaçait jamais non plus sans sa carte du Collectif des sans-papiers du 18e arrondissement de Paris. Il ne ratait pas une manifestation. Il en était membre, numéro B544. Usée à force d'avoir traîné dans ses poches, on peut encore y lire, en lettres rouges, les mots : LUTTE, UNITÉ, SOLIDARITÉ. Et, en dessous : *Des papiers pour ceux qui veulent s'intégrer et vivre dignement*. Une photo d'identité de Toumany y a été collée, vieillie par le temps. C'est le seul cliché de lui que recevront bientôt ses enfants au pays.

Guy

par Charlotte Rotman

La tombe

C'est un chemin dont elle a l'habitude, le gravier crisse dans le silence du cimetière. Elle jette un coup d'œil de temps en temps aux stèles et, parfois, murmure un nom qu'elle vient de lire en passant. « Metaleurop », glisse-t-elle. « Lui aussi. » Le site de l'ancienne usine de métallurgie se trouve à un bon kilomètre de Courcelles-lès-Lens, sur la commune voisine de Noyelles-Godault, dans le Pas-de-Calais. L'histoire du bassin minier semble contenue dans ce mouchoir de poche.

Hélène traverse les allées d'un pas familier. Puis s'immobilise, petite femme droite à la mise en plis impeccable. C'est là. Devant la tombe, elle se signe et baisse le regard. Combien de fois a-t-elle fait ce trajet ? Au début, elle s'y rendait tous les jours. Guy venait de mourir, juste avant ses 50 ans. C'était quelques années après la fermeture brutale de la fonderie de plomb qui, du jour au lendemain, a mis 830 personnes sur le carreau et scandalisé le pays tout entier. Beaucoup à l'époque ont sombré – divorce, alcool, repli. La mort sociale. « Des vies brisées », disent les anciens. Dans la foulée, les salariés ont passé une visite médicale. C'est là que les médecins ont vu une tache sur le poumon de Guy. Son cancer a été diagnostiqué. Lui qui s'inquiétait de l'avenir n'a jamais vraiment pu retravailler. Hélène a cessé de faire le ménage chez ses employeurs pour rester avec lui, pour ses derniers mois. Elle se cachait pour pleurer. Jamais de larmes devant lui. « Ma mère a tout laissé de côté pour s'occuper de lui. Quand on est enfant, on ne se pose pas la question de savoir si ses parents s'aiment, ils sont ensemble, c'est tout. C'est plus tard que j'ai compris, c'était ça », raconte Cédric, leur fils. Aux obsèques, les gars de l'usine sont venus en nombre, en camarades. Hélène ne connaissait pas tout le monde.

Le granit foncé est recouvert d'hommages gravés par la famille, les amis ou les voisins. Une grande croix dorée accompagne son nom. Guy Copin. 1957-2007. Les inscriptions, en lettres blanches, se détachent de sa sépulture. À côté, en médaillon, une photographie couleur. En chemise bleu ciel, Guy, la quarantaine, esquisse un sourire timide. L'âge de sa mort gifle les visiteurs. Hélène vient tous les mois. Son mari a été emporté à 49 ans ; ils avaient le même âge. Elle en a 66 aujourd'hui. Tiens, la prochaine fois, elle nettoiera un peu, se dit-elle. Quand elle se retourne, elle désigne les caveaux juste en face, ornés de fleurs : Bernard travaillait aussi à Metaleurop, avec Guy. Il est décédé à 63 ans. Ils sont nombreux à avoir été ainsi compagnons d'atelier avant de devenir compagnons de cimetière.

La maison de brique

Tout tient dans une boîte à chaussures en carton bleu ciel. Hélène y range ses photos de famille. Elle la dépose sur la table de la salle à manger, recouverte d'une nappe ivoire. Un poêle chauffe la pièce. La petite maison en brique, ils l'ont achetée dans les années 1980. Hélène avait repéré l'offre dans les allées de Carrefour où des promoteurs immobiliers vendaient le rêve d'une maison individuelle. Elle avait proposé cet achat à crédit à Guy : comme ça, ils auraient une maison à eux. Pas loin de l'usine. Guy pouvait y aller à pied. Sur le chemin, près de l'hôtel-pension La Chaumière, au bout de sa rue, il passait prendre des voisins, un père et un fils, eux aussi ouvriers à Metaleurop. En arrivant près du site, la procession s'agrandissait. Les équipes se croisaient parfois au café. Ceux de la nuit prenaient un café avant de s'écrouler de fatigue chez eux, et saluaient ceux du matin qui embrayaient.

De la fenêtre de la cuisine, on aperçoit une rangée touffue d'arbres dénudés par l'hiver. Le site de Metaleurop se trouvait au-delà, à 500 mètres. Dans le jardin, Hélène a installé une balançoire en bois. Le champ d'à côté est en friche. Il fait partie des parcelles trop proches de l'usine, interdites de culture, à cause de la pollution. Hélène se rappelle qu'à leur arrivée, ils mangeaient pourtant les salades et les légumes de cette terre aujourd'hui condamnée au repos.

Quand il rentrait de sa journée de travail, Guy s'installait à la table de la cuisine ou dans un fauteuil du salon. Il allumait une Gauloise et se mettait aux mots croisés. Il gardait à portée de main un vieux dictionnaire, un Larousse, récompense obtenue pour le certificat d'études, qu'il consultait régulièrement. Il parlait peu de sa vie à la fonderie. Mais en trimbalait l'odeur sur ses mains. Son fils s'en souvient, « un peu comme quand on court et qu'on a un goût de sang dans la bouche, un goût un peu métallique ». À son retour, Guy savourait la quiétude de son foyer, remisant pour quelques heures les fracas des machines et la chaleur des fours. « Mais, se souvient Hélène, s'il était mal luné, ou que quelqu'un l'avait fait suer, on le savait. » Quand il était de nuit (22 heures-6 heures) et dormait la journée, les enfants jouaient silencieusement, respectueux de son repos. Hélène tirait les câbles du téléphone et déplaçait celui-ci dans une pièce éloignée de la chambre, en posant un oreiller dessus pour en étouffer la sonnerie. Elle plaçait un tissu sur la cage de leur oiseau pour l'empêcher de piailler. « On vivait à son rythme à lui », se souvient-elle, sans une once de reproche. Quand il commençait le matin, elle se levait avec lui, avant 5 h 30, et lui préparait un café. Il partait avec un casse-croûte. Parfois elle se recouchait un peu pour quelques minutes volées à une journée qui débutait tôt.

Le jour de leur mariage, ils posent face au photographe, elle en robe blanche, qui découvre des bras délicats, lui en nœud papillon gigantesque et costume noir dont le pantalon évasé trahit l'époque des pattes d'éph. Il a glissé quelques fleurs dans sa poche. Il porte les cheveux longs, légèrement crantés. C'est le printemps 1976, l'année de leurs 20 ans. Le Polaroid au format carré a bien résisté. Quand Hélène et Guy se sont connus, à 19 ans, ils travaillent déjà tous les deux. Elle est employée de maison à la semaine. Le week-end, elle sort danser avec ses deux copines d'école (devenues femme de ménage et ouvrière dans une usine de nounours en peluche). Guy est embarqué avec deux autres garçons pour la bringue. Il aurait été doué pour les sciences, pense son fils, mais, « dans la famille, les études, ce n'était pas ancré ». Alors, à

17 ans, il est devenu marinier, comme ses parents. Il navigue fièrement aux commandes du *Sanara*, chargé d'acide sulfurique. Ce sont de longues journées (qui commencent à 6 heures), parfois accidentées, comme ce jour d'hiver où il a plongé en catastrophe dans le canal glacial parce qu'un tuyau avait pété et crachait vers lui son produit toxique. Mais Guy adore ce métier. En 1982, il se retrouve au chômage et doit abandonner un bateau insalubre et son rêve de passer une vie sur l'eau. Hélène de son côté ne voit pas d'un mauvais œil un emploi plus sédentaire, et la promesse d'un « bon salaire ». Surtout qu'entre temps, le couple a eu deux enfants. Isabelle, née en mai 1977, et Cédric, en 1980. Installé dans un fauteuil de cuir marron, Guy serre un bébé contre lui. Sur un autre cliché sorti de la boîte bleu ciel, il observe un nourrisson par-dessus l'épaule d'Hélène. Il a le regard doux. « Papa n'était pas très causant… Mais il aimait les jeux de mots », raconte Isabelle, que son père arnaquait au Scrabble en inventant des noms à l'orthographe arrangeante. Il réussissait particulièrement bien les frites, ce qui lui valait le surnom de « Guy la Frite » et une bonne cote de popularité auprès de ses enfants. À la maison, Guy aimait passer des disques de rock. Led Zeppelin, les Stones, Deep Purple. Plus jeune, il avait appris la guitare tout seul, mais, atteint d'une maladie qui replie les doigts vers la paume, il avait dû renoncer à la gratte. Cédric en joue aussi, Isabelle s'est mise

à la batterie («Quand je joue, c'est comme s'il était là»). Souvent Guy retenait leur attention: «Écoute ce solo...» Un café partagé. Une danse improvisée. Une cigarette qui se consume, une vaisselle qui sèche. Un morceau de rock. Des années, parfois des décennies plus tard, il reste ces rituels innocents de la vie ordinaire.

Metaleurop

La tour à plomb (65 mètres), qu'on apercevait de la route, a été démolie. Pendant des décennies, elle a été comme le phare de la métallurgie, dans la région. Elle s'est effondrée sous l'effet de la dynamite. Un pan de l'histoire avec elle. La grande cheminée (haute de 100 mètres) elle aussi a disparu. Les fours, les hangars, les ateliers ont été rasés. Gravats et carcasses rouillées, évacués. Six bâtiments seulement ont été conservés. Près de 80 ont disparu. Le démantèlement du site de Metaleurop (50 hectares gorgés d'amiante, de zinc, de plomb, de cadmium, d'arsenic et d'hydrocarbures), l'un des plus pollués de France, a duré plus de deux ans. Reconverti en plateforme de tri et de recyclage des déchets par une filiale de Suez, le décor n'est plus le même. Le paysage s'est aplati. Le terril, cette motte sombre héritée de l'époque des mines, demeure tout de même visible. Pour les anciens métallos, hantés par le passé, les images se superposent parfois. Mais ce qui est certainement le plus étrange, c'est le silence, la nuit. De leur temps, l'activité de la fonderie ne s'arrêtait pas. Les machines n'étaient jamais muettes.

L'ancienne cantine est encore sur pied. C'est aussi là que se déroulaient les assemblées générales. Christian Misiak pousse la porte du bâtiment de brique. Aced Metallia, une association portée par des anciens de Metaleurop qui œuvre à la promotion de la culture scientifique et de l'histoire des métaux, y a ses bureaux. Il en est l'un des fidèles. Au début, cela lui faisait tout drôle de revenir sur le site, totalement transformé. Il s'est habitué. Dans le local, on trouve bleus de travail, casques de protection, objets en métal, échantillons de cuivre, étain, cadmium, sculptures, comme des odes au savoir-faire métallurgique, mais aussi des tee-shirts, photos ou coupures de presse, souvenirs de la lutte. Il se dit que derrière le placo on trouverait encore les graffitis de cette époque.

Quand Guy Copin a été embauché, à 24 ans, le 16 mars 1982, il a atterri dans l'équipe de Christian Misiak, au raffinage plomb. Lui a déjà plusieurs années d'ancienneté à la fonderie. Son beau-père y travaillait déjà, il pensait y faire sa vie. Il est devenu ami avec Guy. D'ailleurs, sans y prendre garde, il lui est arrivé en écrivant son nom de famille de l'orthographier « Copain ». Parfois l'amitié balaie tout. En même temps que Guy, près de 80 personnes entrent à Penarroya (l'ancien nom de Metaleurop) dont les origines remontent à 1894. Il fallait constituer une nouvelle équipe, car l'usine ne s'arrêtait jamais de tourner. Les rythmes étaient exténuants. À l'époque on faisait sept nuits d'affilée par exemple. Un trombinoscope informel de l'époque montre les visages de ces « nouveaux entrants » : plutôt jeunes, des hommes dans leur écrasante majorité, souvent moustachus, dont une bonne partie de Maghrébins. Dans les années 1990, Metaleurop est le premier employeur du bassin houiller et assure les deux tiers de la production française de plomb (150 000 tonnes), un tiers de celle de zinc (100 000 tonnes).

Le boulot est difficile. Le pire, pour Christian, qui a occupé différents postes, c'est de démolir les cailloux à la masse. Les scories coupent comme du verre. « Il fallait casser 84 lingots de près de 50 kilos… C'était Cayenne, mais Guy n'a pas connu. » Comme beaucoup, Guy a été polyvalent. Il a appris à chaque poste, et notait mesures et produits utilisés, dans de petits calepins qu'il rapportait chez lui (« du chinois », pour ses enfants), amassant un savoir-faire technique. Il a connu toutes les étapes : décuivrage, épuration du plomb, il a appris à enlever les impuretés dont l'arsenic. Il a été pontier à cabine (formé par Christian) : il soulevait les lingots, écumait les chaudrons et transportait les pompes et les agitateurs. « C'était l'enfer quand on ouvrait le four, la température pouvait atteindre les 1 200°, raconte Christian. Il faut imaginer la chaleur que c'était. » La chaleur, mais aussi la fumée, la poussière. Le bruit : les broyeurs, les chariots, les alarmes, et même les haut-parleurs. Il crevait de soif, là-dedans. Les hommes transpiraient. « À la soude, si on ne faisait pas attention, ça moussait, ça dégueulait comme du lait d'une casserole sur le feu, des collègues ont été brûlés comme ça, et fallait pas non plus mettre de chaussures de cuir », se souvient l'ancien chef de ligne. De toute façon, il fallait être vigilant tout le temps. Le danger était partout. Une plaque commémorative, sur le site, rend encore aujourd'hui hommage aux accidentés. L'inscription s'est estompée avec le temps, mais des pèlerinages ont toujours lieu, en juillet, à la date anniversaire de l'explosion d'une colonne de raffinage de zinc qui a fait dix morts.

Dans les ateliers, les ventilations ne suffisaient pas à évacuer les poussières et particules de plomb, absorbées par les organismes. Le taux de plomb dans le sang était mesuré, et quand il était trop important, les travailleurs (plusieurs dizaines chaque année) étaient mis « au vert », « en pâture ». Guy par exemple a été « plombé » et s'est retrouvé à distribuer les gants et masques de protection. « À la mine, un coup de grisou et tu es parti. Là, ce n'est pas aussi soudain. Mais ils savaient qu'ils respiraient des trucs pas bons et qu'ils ne feraient pas long feu, ça faisait partie du risque », dit Cédric. Des primes (notamment de pénibilité) venaient d'ailleurs rajouter du beurre dans les épinards (en tout, à peu près deux mois de salaire en plus, avec le treizième mois). Guy et Christian avaient l'habitude de déjeuner ensemble. « S'il avait besoin d'une journée de repos, on se remplaçait. » Une fois par mois, Christian participait à un barbecue avec ses collègues. « Parce qu'on n'est plus des esclaves, on n'est pas des chiens. »

Cette vie, ces vies, ont été broyées, le 16 janvier 2003. La nouvelle est arrivée par fax. Un simple communiqué. Glencore, l'actionnaire (dont le siège social se trouve dans un canton suisse connu pour être un paradis fiscal), annonce sa décision de ne plus financer Metaleurop Nord. Pas d'entretiens préalables, pas de licenciements en bonne et due forme, pas d'indemnités. « Patrons voyous », a même dénoncé alors la droite au pouvoir. « On nous a pris pour des pouilleux, du jour au lendemain, on nous a jetés comme des malpropres. »

Chœurs de fondeurs

Ici, le café est toujours prêt, à disposition avec quelques tasses sur la grande table. Tous les mardis et jeudis, Chœurs de fondeurs tient sa permanence à Courcelles-lès-Lens. L'association s'est mise sur pied après l'annonce de la fermeture de l'usine, pour l'accompagnement social et sanitaire des salariés. Les Metaleurop ont bataillé dur. Tout le monde ici se souvient d'une marche de soutien de 6 000 personnes, unies sous la neige derrière ces quelques mots : « Metaleurop veut vivre ». Les casques et les tabliers des fondeurs se détachaient dans le blanc cotonneux. Pendant plusieurs semaines, le site est resté ouvert, en attendant la liquidation. Les femmes ont investi le réfectoire. Le café était à 20 centimes. Les télés, les syndicalistes ont défilé. Des outils ont été balancés dans la Deûle. « Ainsi que des pains de sodium », se souvient Christian Misiak, l'œil brillant, comme un gamin qui parle d'un feu d'artifice. « Guy Copin, on le voyait souvent au début, à l'association. Il passait l'après-midi, ne parlait pas beaucoup. Il était bien ici », se souvient Albert Lebleu, ancien ingénieur à Metaleurop et président de l'association. Vingt ans après, Chœurs de fondeurs a encore fort à faire. Des anciens passent une tête. Certains apportent des documents pour une procédure en justice ou un dossier d'indemnisation. Ils prennent des nouvelles, échangent quelques boutades. Il y a des habitués « on est contents de se voir, d'être ensemble, ça fait du bien ».

Épinglé sur un tableau de liège, le décompte des morts de Metaleurop. Ancien employé au poste de garde, un bénévole épluche tous les jours les journaux et les annonces des pompes funèbres. Il conserve aussi les faire-part de décès envoyés par les familles, dans un gros classeur noir. 137 noms sont affichés. Et leur âge. Parmi eux, Guy Copin. Dans le tableau des morts avant 2011, où se trouve Guy, beaucoup sont partis avant 60 ans. Un ancien salarié (rentré en 1970 à Metaleurop) se souvient de lui. Il ne travaillait pas dans le même atelier mais le croisait en ville. Et l'a surtout connu à la pêche, « le plaisir des copains », glisse-t-il. L'usine organisait d'ailleurs des tournois. « C'était un calme. Un bon garçon », déclare-t-il en hochant la tête.

Dans de grandes armoires bien rangées, Albert Lebleu garde la trace de tous les dossiers médicaux (principalement liés à l'amiante) et judiciaires. Il s'est occupé des démarches pour Guy Copin. Hélène n'a conservé aucun papier. Tout est ici. Le cancer bronchique de Guy est relativement atypique. Il est lié à l'inhalation de poussières ou de vapeurs d'arsenic, alors que la plupart des malades de Metaleurop ont souffert à cause de la présence du plomb et de l'amiante dans leur corps. Jusqu'au début des années 1990, « nous ne portions aucune protection respiratoire », rappelle Christian Misiak, dans une attestation conservée dans les archives. C'est lui qui a poussé Hélène à effectuer les démarches pour faire reconnaître le cancer de Guy comme « maladie professionnelle » par la Sécurité sociale. Ensuite, le tribunal des affaires de sécurité sociale d'Arras a établi « la faute inexcusable de l'employeur ». La décision a été notifiée en 2009. Deux ans après la mort de Guy. « J'aurais aimé qu'il soit là pour le voir. Après tout ce qu'il a avalé sur le bateau, et à Metaleurop… » regrette sa veuve. Guy est mort de son travail, mais sa rage, c'était de l'avoir perdu. « Il était en colère lors de la fermeture, ça oui. La lutte collective l'animait. Mais la maladie, il n'en parlait pas en public, il ne voulait pas nous faire de peine, il n'était pas vraiment en colère, attristé, plutôt », retrace Isabelle, devenue infirmière dans l'hôpital où son père a été suivi. Elle ajoute : « Ce travail nous a fait vivre. Après coup, c'est facile de dire qu'il n'aurait pas dû y mettre les pieds. »

La gare d'eau

C'était son fief. Le bassin a été creusé au début du XXe siècle, pour accueillir les bateaux qui alimentaient le trafic fluvial. C'est là que ses parents, Andrée et Stéphane, s'étaient posés. Les péniches ont servi de décor à son enfance. Sa mère, une petite dame qui portait un chignon et un tablier noir, tenait un café où les bateliers pouvaient s'approvisionner en boissons ou petits articles de pêche. Toute une sociabilité se nouait autour du monde des mariniers. La maison familiale est encore debout, mais le café où il donnait des coups de main le vendredi soir quand il pouvait a fermé depuis longtemps. Au fil du temps, des péniches sont venues mourir là et leurs carcasses ont fini par rouiller sur place. Vers les années 1970, les épaves ont été démantelées, les berges réaménagées. Guy adorait venir y pêcher. Il avait la patience et la minutie nécessaires à cette activité immobile. Les jours de congé, il partait à vélo, avec son barda. Il n'avait pas le permis de conduire, comme beaucoup d'ouvriers du coin (ce qui a posé problème au moment de leur reconversion). Mais il n'en avait pas vraiment besoin : son monde était là. « C'était un casanier attaché à sa ville, à son microcosme », remarque son fils Cédric, qui, lui, a déménagé plusieurs fois et vit aujourd'hui en Normandie où il gère une agence de travail temporaire.

À la gare d'eau de Courcelles-lès-Lens, Guy allait aussi boire des coups au café Parmentier (installé depuis 1935) dont la façade jaune crème écaillée, les volets d'un bleu passé témoignent d'une gloire révolue. Guy et Christian venaient y jouer à la belote avec Dédé et Jaja, flic et CRS. Christian n'y met plus les pieds à présent. Mais, quand il se promène sur les berges, il croise des anciens de Metaleurop. Dans ces cas-là, la plaisanterie est de mise. Cordiale, comme pour effacer les blessures communes. Cette fois, un camarade, arabe, tacle les origines polonaises de Christian : « Qui est le plus français, hein ? » Ils se marrent, se charrient, avec une complicité qui fait oublier qu'à 2 kilomètres de là, Hénin-Beaumont est l'un des berceaux du Rassemblement national, très puissant dans la région.

Le China Town

C'est Christian qui a choisi. Hélène n'était jamais venue. Le buffet chinois à volonté est installé sur un bord de route, à Loison-sous-Lens. Christian aime bien le China Town : il y a beaucoup de choix, et c'est propre. À l'heure du déjeuner, l'endroit est rempli. Hélène a choisi un cocktail sans alcool d'un vert étonnant, et quelques raviolis. Christian se ressert avec l'élan d'un homme gourmand. Lui a eu un problème de cœur à 57 ans, puis une pension d'invalidité. Il est parti à la retraite à 60 ans. Hélène continue à faire des ménages, deux jours par semaine. Elle profite aussi avec bonheur de ses quatre petits-enfants âgés de 18 à 6 ans, dont son mari n'a connu que l'aîné, Hugo.

À table, Christian et elle évoquent quelques moments de bravoure partagés avec Guy : une grève contre un chef abusif surnommé « Tarzan », les cortèges à la Saint-Éloi (patron des métiers des métaux) où les métallos défilaient dans les rues de Courcelles-lès-Lens en tenue de travail et dont Hélène conserve des images (un peu floues) dans sa boîte à souvenirs, les coups imaginés pour protester contre l'abandon de la fonderie… À la fin, Christian n'allait plus rendre visite à son ami qui déclinait. Il préférait garder une autre image de lui. Cette industrie les a fait vivre et a été leur fossoyeuse. Guy en a été une victime discrète. « Il avait compris qu'il partirait trop tôt », dit son fils. Si l'usine rouvrait demain, Christian y retournerait sans hésiter. Comme beaucoup de gars. La nuit, il rêve de la fonderie, encore aujourd'hui. Il a des « flashs », voit « les copains qui sont partis ». Dans le cimetière de Courcelles-lès-Lens, il a déjà fait préparer son caveau, son nom est inscrit sur le marbre. Il reposera à quelques mètres de Guy Copin.

Brigitte

par Rachid Laïreche

Il se mord l'intérieur des lèvres. Cela fait deux heures qu'il parle sans s'arrêter. D'un coup, il ne dit plus rien. Un peu gêné, je regarde ailleurs. Stéphane pose à plat ses deux mains sur la table, avant de souffler. « Je crois que ce n'est pas une bonne idée. Je n'aurais pas dû accepter. On s'est parlé une fois au téléphone et j'étais très mal en raccrochant. On aurait dû en rester là. Ce n'était pas ta faute, hein, mais c'est trop douloureux. »

Silence. Nos verres sont vides. Quelques frites froides et un bout de kebab subsistent sur nos plateaux. Stéphane remet son bonnet rouge sur sa boule à zéro. Il s'excuse et se lève. Sort de la sandwicherie, à quelques encablures de la place de la Comédie, à Montpellier. Il tire sur sa clope. Je le rejoins. On marche dans le froid ensoleillé en direction des Figuerolles, un quartier populaire de la métropole héraultaise. Stéphane,

41 ans, est serrurier. Il habite dans un nouvel appartement depuis sa séparation. Ses deux enfants le rejoignent un week-end sur deux. Romain est en cours élémentaire, Lise en maternelle. On arrive en bas de son petit immeuble. Stéphane s'excuse encore : « Je suis vraiment désolé. Ce n'est pas facile pour moi. Ma mère est partie l'an dernier, je pensais que je pouvais en parler tranquillement, que ça me ferait du bien, mais c'est toujours aussi dur, tu comprends ? Je trouve sa mort tellement injuste. C'est cruel. »

Nouvelle accalmie avant la houle. Sa colère n'épargne personne, ni les rares amis de la famille, ni les collègues de sa mère, ni lui-même. Il s'interroge : cette rage le quittera-t-elle un jour ? Le serrurier me donne rendez-vous le lendemain pour qu'on se rende dans le Gard, voir une ancienne collègue de sa daronne dans un hypermarché. Je le quitte avec le sentiment que c'est la dernière fois ; qu'il m'écrira au milieu de la nuit pour annuler la virée.

Brigitte, sa mère, a vu le jour un soir d'hiver. C'était près de Douai, dans le Nord, en décembre 1962. Sa génitrice à elle est morte quelques mois après sa naissance, personne ne sait comment, semble-t-il. Son ouvrier de père change souvent d'usine. Après la disparition de sa première épouse, il rencontre une autre femme, avec qui il a deux enfants. Deux filles. La famille recomposée quitte ce qui ne s'appelle pas encore les Hauts-de-France pour le centre du pays. Brigitte n'a pas beaucoup de copines. Son paternel turbine dans le bâtiment sans compter ses heures. Sa belle-mère, couturière, travaille à l'appartement et ne lâche pas ses deux enfants du regard. La timide aînée de la famille doit s'en contenter. Ce n'est pas qu'elle soit rejetée, mais les bras ne sont pas toujours grands ouverts. Durant toute son enfance, elle compte ses mots, cherche sa place. La famille part rarement en vacances. Elle ne voit la mer pour la première fois qu'à la puberté. L'école n'est pas faite pour elle, et la laisse sur le carreau dès le collège. Que faire ? Elle ne sait pas vraiment. Surtout, personne ne lui pose la question. Son père est un taiseux qui vit pour remplir la marmite. Brigitte s'essaie à la couture avec sa belle-mère. En vain. Elle enchaîne les jobs sans horizon. En vrai, elle aime aller au cinéma, à la piscine et manger des glaces à la fraise.

Son premier amour sera le bon, du moins veut-elle le croire. Un jeune serveur qui fait le premier pas et refourgue de la chimère à profusion. Forcément. Philippe prend de la place dans sa vie. Il vit depuis toujours à Orléans et ne songe qu'à fuir, du réveil au crépuscule. Brigitte est prête à le suivre : rien ni personne ne la retiendra. Philippe a de la famille dans le Sud, à Nîmes. Chiche ? Ils foncent sans un sou en poche. La grande aventure ; la première de son existence. Les commencements sont beaux : au début des années 1980, Philippe boulonne dans un garage et Brigitte attend son retour à la maison. Ils entrent dans la vingtaine et une bonne nouvelle s'annonce. Leur fils Stéphane ouvre les yeux un soir d'été de 1983. La discrète touche enfin au bonheur. Fini les galères, croit-elle. Le couple déménage pour un appartement plus grand. Brigitte ne voit pas le pire qui s'invite. Un soir, Philippe ne rentre pas du garage. Elle s'inquiète avant de comprendre, confusément, qu'il n'est pas allé chercher des cigarettes, mais qu'il s'en est allé loin de Nîmes, en quittant femme et enfant – un bébé qui n'avait pas encore soufflé sa première bougie. Retour de la galère. Un purgatoire qui lui colle à la peau.

Le lendemain, je sonne à l'interphone. Stéphane ouvre la porte. Je grimpe l'escalier étroit jusqu'au quatrième et entre, par la porte grande ouverte, dans un petit appartement aux murs blancs. Il dort dans le salon, la seule chambre est destinée aux enfants. Levé du bon pied, l'échalas au tee-shirt blanc passe derrière son petit bar pour préparer deux cafés, avant d'ouvrir une petite armoire. Des photos de lui, de ses enfants, de son ex et de sa mère. Brigitte est petite, brune à la peau très blanche et bien coiffée, toujours. Son sourire se fait rare sur les images. Le dernier cliché date de mai 2021, quelques semaines avant la découverte de son cancer du sein, un an avant sa mort. Elle est assise sur un banc, à Montpellier, entourée de ses deux petits-enfants. Ils ont tous une glace à la main. Fraise pour elle, chocolat pour eux. Le soleil brille.

« Elle aimait énormément Romain et Lise. Elle venait dès qu'ils étaient avec moi. Ils cuisinaient, se baladaient, et Romain lui lisait des livres. Je ne voulais plus qu'elle soit caissière. J'ai tenté de la convaincre, mais elle voulait aller jusqu'à la retraite. On avait pour objectif de prendre un appartement plus grand à Montpellier pour vivre tous ensemble. Elle comptait les mois et les années mais elle est partie deux ans avant sa liberté.

– Comment tes enfants ont pris son départ ?

– On a beaucoup discuté, ma mère était là. La première fois, c'était un samedi, les résultats étaient mauvais. On leur a dit pour la maladie, sans rentrer dans les détails. C'était une façon de les préparer, mais personne n'était prêt, ni eux ni moi. »

Stéphane se lève, range les photos et ouvre en grand la fenêtre du salon. Il grille tranquillement une clope, sans un bruit. Puis il ferme la fenêtre, enfile son manteau bleu et son bonnet rouge. Sa voiture de fonction est stationnée un peu plus loin. Il met le contact, prend la route du Gard et replonge dans son passé. Celui d'un enfant terrible.

Brigitte compte chaque sou après le départ de Philippe. Elle tambourine aux portes des aides alimentaires et fait des ménages ; elle s'installe avec son marmot dans un appartement plus petit. Les liens avec sa famille sont inexistants. Une mère seule au monde avec son fils. Devenir caissière arrive presque par inadvertance. Un matin, en faisant les courses, elle pose la question à un gérant de supérette. La semaine suivante, elle commence un job à mi-temps. Les années passent au ralenti. Stéphane découvre la cruauté des enfants entre eux. Des vannes crapuleuses sur son style vestimentaire et les poings pour seule réponse. Il le fait payer à sa mère. Le teigneux se rembourse sur son dos, lui mène une vie infernale. Il répond, ne travaille pas à l'école et rentre au bercail à pas d'heure. La petite peste vient d'avoir 10 ans.

Brigitte ne dit rien, s'excuse presque de lui offrir cette vie. Elle n'a jamais cherché à retrouver l'amour avec un autre. Elle en voulait à mort à Philippe. Ce n'est pas son départ qui lui foutait les boules, mais qu'il n'essaie même pas de prendre des nouvelles de son fils. À la maison, ils ne parlaient jamais du géniteur ; les questions sont venues plus tard. Stéphane est un cancre. Il est viré du collège et fait ses premières bêtises : des larcins qui obligent sa mère à le récupérer au commissariat. La tête basse, toujours. Une honte qui ne réfrène pas son fils. Il rentre bourré à l'appartement en claquant les portes tandis que Brigitte enchaîne les heures. Elle a quitté la petite surface pour l'Intermarché, qui lui a offert un job à plein temps mais un salaire qui ne pèse pas bien lourd.

Stéphane range définitivement son cartable avant la fin du collège, comme sa mère. Il passe ses journées au lit ou dans le quartier, mène une vie de galérien, au désarroi de sa daronne. Elle rêvait d'autre chose. Dans le Nord ou à Orléans, elle spéculait parfois sur sa vie future, s'imaginant dans une vaste maison remplie d'enfants et un mari aimant.

Stéphane s'arrête dans une bourgade gardoise à une heure de Montpellier. Le soleil brille mais tout reste gris et triste. L'heure de la sieste a vidé les rues. Du doigt, il me montre un petit immeuble sans âme de deux étages ; au premier, une fenêtre sans rideaux.

« C'est ici que ma mère a passé les dernières années de son existence, dans ce petit studio. Tu vois bien, y a pas grand-chose autour. Une boulangerie, la poste et un coiffeur. Tout le reste a fermé. Il faut aller un peu plus loin, là où se trouve l'hypermarché. C'est à quinze minutes en caisse.

– Ta mère, elle faisait comment ?

– Elle avait une petite voiture, une Citroën, elle a eu son permis quand j'étais petit. Elle roulait à peine, seulement des petits trajets pour se rendre au travail. »

La bagnole redémarre. Sur le trajet vers la zone commerciale, Stéphane me parle un peu de lui, de son départ de Nîmes pour Montpellier ; de sa formation pour devenir serrurier ; de ses gosses ; de son mariage et de son divorce.

« À quel moment le rapport avec ta mère a changé ?

– Tu veux dire à quel moment je n'ai plus été un mauvais garçon ?

– En gros, oui… »

Il ne s'est pas réveillé un matin plein de bonnes résolutions, il n'y a pas eu de déclic. Peu à peu, il a vu le monde changer autour de lui. Des potes qui s'enfoncent dans la misère et l'ennui, d'autres qui s'exilent pour un nouveau départ. L'entre-deux n'existe pas ou plus. Stéphane part à Montpellier à l'aube de la vingtaine. Brigitte lui donne une partie de ses économies afin qu'il puisse s'installer, qu'il accepte en baissant la tête. Il a honte en repensant à ses égarements passés, à ses mots assassins et ses attitudes sans retour. Subrepticement, il reprend le dialogue avec sa mère. Dans de longues palabres au téléphone, il donne des nouvelles quotidiennes pour ne pas couper les ponts. Le week-end, quand ils se retrouvent, le fiston pose des questions tues jusque-là. « C'était comment l'enfance ? À quoi ressemblait grand-père ? Pourquoi tu ne vois plus tes demi-sœurs ? Pourquoi n'as-tu pas cherché à refaire ta vie ? » Stéphane comprend enfin les sacrifices, la douleur, la solitude, le malheur et les boulots qui fracassent le corps et la tête pour remplir le frigo.

« Tu n'as jamais cherché à joindre ton père ? je lui demande.

– Pourquoi ?

– Pour avoir une discussion avec lui ou renouer le contact.

– Non ! Je ne sais même pas s'il est encore en vie, et ça ne m'intéresse pas. Franchement, après ce qu'il a fait à ma mère, lui vendre du rêve et la planter avec un gosse, je préfère crever. Je ne veux ni son mal ni son bien, il n'existe pas. Mes parents, c'était ma mère. Aujourd'hui je suis orphelin. »

Nouvel arrêt. Stéphane se gare devant l'hypermarché. Une première depuis deux ans. Il met un peu de temps à descendre du véhicule, la boule au ventre. Sa mère a tenu la caisse une dizaine d'années ici, une employée modèle. Ses collègues n'étaient pourtant que deux le jour de l'enterrement, Sophie et Fatiha, et la direction a envoyé des fleurs, se contentant du minimum. Ni mot ni coup de fil. Brigitte a été remplacée aussitôt. Des caissières succèdent aux caissières et ainsi de suite. Dans l'hypermarché, Stéphane ne reconnaît plus grand monde. Les têtes ont changé. Parfois, il passait par surprise rendre visite à sa mère. Elle jubilait sans rien dire. Sa façon à elle de lui dire qu'elle était heureuse. Son sourire s'illuminait plus encore quand il se pointait avec les mouflets tellement fière de sa petite famille.

Sophie nous attend dans le fast-food juste en face. Il a gardé contact avec l'ancienne collègue de sa mère. Ils ont échangé leur numéro après l'enterrement, à quelques kilomètres de là. Sophie prend Stéphane dans ses bras. C'est la première fois qu'ils se revoient. Il lui montre les photos des enfants.

« Le journaliste veut savoir comment elle était, ma maman. Tu peux lui dire, s'il te plaît ? »

Elle rigole et réplique de son accent chantant :

« Tu as vraiment besoin de moi pour ça ? »

Sophie a rejoint la grande surface quelques mois après Brigitte. Elles ont très vite fait amie-amie. Tout les opposait, sauf la caisse et les fins de mois douloureuses : la blonde est prolixe, cause fort et sautille ; Brigitte était discrète, marchait lentement et ne haussait jamais le ton. Elles s'arrangeaient pour concilier leurs horaires, fonctionnaient comme un duo. Sophie, qui savait que sa copine pouvait se faire berner sans broncher, revendiquait toujours pour deux face aux patrons ; Brigitte arrivait toujours un peu en avance. Elle parlait de son fils et de ses deux petits-enfants, mais aussi de sa future vie à Montpellier. Elle revenait rarement sur son enfance. À la fin de son service, elle faisait quelques courses pour le dîner, des fruits, de l'eau et des légumes. À la maison, après le repas, elle passait un coup de fil à Stéphane pour prendre des nouvelles et regardait un peu la télévision. Elle ne s'endormait jamais après minuit. Il fallait vraiment que le film en vaille la peine pour la maintenir éveillée. Le premier lundi de chaque mois, – elle ne travaillait jamais le dimanche ni le lundi –, elle se rendait chez Jacqueline, la coiffeuse du coin. Une vie millimétrée.

« Tu sais, Stéphane, ta mère rendait toujours service aux autres. Quand une fille était en retard, elle savait qu'elle pouvait compter sur ta mère pour la couvrir. Nous, on aurait aimé faire la même chose pour elle, mais elle ne ratait jamais un jour ou une minute.

– Je sais bien. Je me suis fâché très fort avec elle pendant le Covid, quand elle a refusé de prendre des jours. Elle m'écoutait sur tous les sujets, mais jamais sur les questions liées à son travail. »

Stéphane sort un moment pour en griller une autre. Il descend un paquet par jour. Sophie me raconte ses envies. La caissière de 57 ans rêve d'une retraite loin du Gard avec son époux. Elle se verrait bien au Pays basque, mais la vie y est chère et leurs moyens limités. Son homme, comme elle dit, a longtemps connu le chômage et les petits jobs. Pas suffisant pour se dorer la pilule. Elle craint de ne pas réaliser ses rêves, mais se rassure en se disant qu'elle n'est pas la plus à plaindre. Le pauvre trouve toujours plus pauvre que lui. Ses deux enfants, étudiants à Nîmes, seront bientôt autonomes, espère-t-elle. Soudain, plus un mot. Elle regarde Stéphane faire les cent pas en tirant fort sur sa cigarette, puis elle chuchote tristement :

« Il est en colère, ça se sent.

– Oui. Il se demande pourquoi vous n'étiez que deux à l'enterrement.

– La mort de Brigitte a causé beaucoup de peine ici. Déjà, beaucoup de caissières ont pleuré lorsqu'elle a annoncé son cancer. C'était triste. Elle a eu une vie tellement dure. Puis, lorsqu'elle est partie en arrêt, on s'attendait à la voir revenir, personne ne savait que la tumeur était à un stade très avancé.

– Comment avez-vous appris son décès ?

– Un chef d'équipe me l'a dit avant ma prise de fonction. Je ne sais pas comment j'ai fait pour travailler dans la foulée ; de toute façon, je n'avais pas le choix. Il avait reçu un message de Stéphane. Je n'étais plus trop en contact avec elle sur la fin. Brigitte n'avait plus la force. »

Sophie sort le téléphone de sa poche, me lit les derniers messages qu'elles se sont envoyés. Des mots d'amour, d'espoir, et des promesses, notamment celle de partir à la mer ensemble. Brigitte a toujours eu un faible pour la Méditerranée.

« Vous savez, la vie n'est pas simple pour les caissières. Stéphane ne peut pas le comprendre, il est en colère, mais nous sommes nombreuses à avoir des vies difficiles. Certaines sont arrêtées, d'autres viennent avec des douleurs partout dans le corps. Sans parler des soucis à la maison pour les unes et les autres. On pense toujours à Brigitte, par contre. Elle manque ici. Certaines collègues voulaient venir à l'enterrement, mais c'était au-dessus de leurs forces. Tout le monde l'aimait. Elle ne parlait pas beaucoup, mais elle était très importante pour nous. J'espère que Stéphane le comprendra, ça lui fera du bien de savoir que sa mère était très aimée. »

Le serrurier revient dans le fast-food avec le bout des doigts gelés, commande un café avant de reprendre la route. Il assure une garde cette nuit. Une dernière accolade avec Sophie et la voiture redémarre. Les remords toujours : les dernières années, sa mère ne voulait jamais voir le médecin, et se contentait de gober des Doliprane à la moindre douleur, sans jamais se plaindre à voix haute, ni de son dos ni de ses genoux. Comment pouvait-il la freiner ? Il a tout essayé, des mots doux, des cris et des bouderies. Mais Brigitte était têtue, rien ne pouvait la détourner de la caisse. Elle y pensait pendant les séances de chimiothérapie comme si elle abandonnait ses collègues.

« Quel est ton plus grand regret avec ta mère ?

– À part mon comportement de connard quand j'étais plus jeune ?

– Oui… »

Le temps d'y réfléchir, il regarde la route. Stéphane ne répond jamais à brûle-pourpoint. Chacune de ses répliques a son importance.

« Ma mère est morte à 59 ans et elle n'a jamais quitté la France. J'aurais aimé faire un voyage avec elle. On aurait pu aller juste à côté, en Espagne, ou en Italie. C'est ça, mon plus grand regret. Quand les gens sont en vie, on repousse toujours les choses comme si la mort et le malheur n'existaient pas. »

Casanier, Stéphane sort de moins en moins. Quelques verres parfois, avec des potes ou ses voisins.

Il le met sur le compte des années qui passent, de la fatigue et du célibat. Sa femme est partie après le confinement, l'isolement avait fait ressortir toutes les fractures dans le couple. Ils sont restés en bons termes. Vendeuse dans une boutique du centre de Montpellier, elle était présente durant la maladie et le départ de sa mère. Elle aimait beaucoup Brigitte. Et il y a des gosses au milieu. Stéphane aimerait avoir une nouvelle chance, mais son ex a tourné la page. « Les sentiments se sont envolés », lui répète-t-elle.

À une époque, Stéphane allait dans des bars à karaoké. Il aimait ça. Il chante mal mais il s'en moque. Sa mère l'a accompagné quelques fois, mais ne prenait jamais le micro. Impossible. Brigitte restait sur sa chaise toute la soirée, à observer les autres, elle chantait dans sa tête et dans la voiture, sur le chemin du retour. Brigitte aimait beaucoup Michel Sardou, Patrick Bruel et Céline Dion, mais personne ne pouvait arriver à la cheville de Jean-Jacques Goldman. Elle en maîtrisait le répertoire jusque dans ses recoins les plus méconnus.

Cela fait presque deux jours que je rôde avec Stéphane. Sur le chemin du retour pour Montpellier, l'ultime trajet, il m'offre une nouvelle version de lui. Sur le téléphone connecté à la voiture, il tape le nom de Jean-Jacques Goldman sur YouTube. Il met le morceau *Envole-moi* avant de monter le son à fond et de hurler par-dessus la voix du héros de sa mère. Je le regarde faire.

« Minuit se lève en haut des tours
Les voix se taisent et tout devient aveugle et sourd
La nuit camoufle pour quelques heures
La zone sale et les épaves et la laideur

J'ai pas choisi de naître ici
Entre l'ignorance et la violence et l'ennui
J'm'en sortirai, j'me le promets
Et s'il le faut, j'emploierai des moyens légaux

Envole-moi, envole-moi, envole-moi
Loin de cette fatalité qui colle à ma peau
Envole-moi, envole-moi
Remplis ma tête d'autres horizons, d'autres mots
Envole-moi »

Stéphane baisse la musique. Souffle. Il me regarde avec un grand sourire. Puis le fils de Brigitte reprend le show : il hausse une nouvelle fois le niveau des décibels en tapant en rythme sur le volant. Il explose de rire en prolongeant la vie de sa mère. Et lâche : « Putain, ça fait du bien. »

Patrick, Martine, Jean-Luc, Christian

par Romain Boulho

La chambre ne respire plus. Les volets sont fermés depuis longtemps. L'air est renfermé, comme compressé. Mémène ne s'y rend jamais. Elle ne s'y sent pas bien. Emmurée. Il y a quelque chose de désagréable, là. L'impression d'être délaissée. L'ampoule jette une lumière trop jaune et le voisin tape contre le mur quand la télévision, celle en face du lit, crie trop fort. Mémène est dure d'oreille, mais il y a des manières de faire. Elle préfère s'allonger sur le canapé moelleux du salon, en velours vert. Son corps étendu, minuscule. Ses jambes croisées. Le soir, elle pose un drap, se borde d'un plaid, se laisse bercer par un feuilleton et s'endort ainsi. Comme une invitée.

Le reste du logement est un huis clos de confort. Mémène ne désire que ça, après tout. « Je veux ma tranquillité », murmure-t-elle.

Elle se murmure souvent à elle-même. Elle répond à ses pensées. Elle dérange le silence de l'appartement, un deux-pièces au sixième étage de la cité des Pâquerettes, à Nanterre. À gauche en entrant se trouve la salle de bains. Mémène n'arrive plus à enjamber la baignoire. Son corps trop racorni de vieillesse. Ses 92 ans qui voûtent son dos. Dans le salon, autour de la table centrale, il y a un meuble télé, un grand buffet et le canapé en velours. Sur tous les rebords, toutes les étagères, dans tous les pots de plantes se dressent des chouettes, reçues en cadeaux. En bois, en verre, en émail, en cire, en poils, en tableau, des chouettes de toutes sortes et de toutes compositions. Jamais Mémène n'a annoncé une quelconque passion pour ce volatile. La cuisine, au fond à gauche, est d'époque, en fer jauni. En face, il y a la chambre. Avec sa porte vitrée qui reste fermée, le rideau tiré.

Depuis combien de temps demeure-t-elle ici ? Trente ans ? Trente-cinq ? Son visage se voile. Elle prend son front de tracas, celui quand elle remue sa mémoire. Sa main gauche caresse sa tête pour raviver les souvenirs. Mémène oublie, c'est vrai, mais elle ne perd pas complètement l'esprit. Elle dit qu'il lui reste une réserve.

Sur le balcon, elle a disposé des petits bacs de fleurs. Des œillets, des pétunias, du laurier-rose, des azalées. La lavande attend juillet. Mais le vrai jardin de Mémène repose sur le buffet du salon. Un arbre argenté, haut de 10 centimètres, aux branches fines et noueuses sur lesquelles ne sont pas accrochées des feuilles mais des trésors. Des visages en photos, vieilles et violacées. Ses gars, comme elle les appelle, et sa fille. Ses six enfants : Patrick, Martine, Jean-Luc, Claude, Christian, Éric. Et, à la cime de l'arbre d'argent, la Mère.

Seule, en matriarche.

Ces dernières années, il n'y a qu'Éric, son dernier, qui la visite. Il lui apporte du pain et de la soupe en sachets, la soupe qu'elle aime. La raccroche à la vie. Quand il est là, Mémène arrête de se murmurer à elle-même. Elle ne parle plus à ses fantômes.

À ses quatre enfants morts. Tous partis avant la retraite.

Elle raconte Marquise, la jument blanche de son père charretier, réquisitionnée par les Allemands pendant la guerre. Elle se souvient bien de Marquise, alors elle répète à Éric, et répète encore, et converse des choses de l'enfance, des histoires qu'elle ne relatait jamais auparavant et qui, désormais, remontent plus vite à la surface que d'autres. Claude aussi vient, deux ou trois fois dans l'année. Systématiquement, elle demande à Éric si Claude vit à l'étranger et Éric lui répond chaque fois que Claude vit dans un camping près de Narbonne.

Mémène n'a pas d'amis. Les amis, on les garde sur le dos ensuite. Elle se demande si elle est ourse, quand même. Dans la cité, elle ne connaît personne. Elle ne quitte jamais son appartement, à part pour aller au cimetière déposer des fleurs. Il y a plusieurs jours, elle est allée relever son courrier. Elle a réussi à éviter le gros bonhomme à lunettes qui commère à propos du gardien, un cavaleur selon lui, mais la pipelette du septième l'a alpaguée. Elle lui a conté des misères : dans le bâtiment d'en face, une dame serait morte, la faute à une Cocotte-Minute explosive. Parfois, la pipelette toque à la porte de l'appartement. Elle vient chercher la pièce. Une commission contre du pognon. Elle l'appelle « mamie ». Elle s'est regardée, cette perruche ? Elle n'aura rien.

De toute manière, la tirelire sous le meuble de télévision, une grenouille offerte par Martine, est trouée. Mémène n'a jamais mis la main sur le bouchon. Les seules pièces qu'elle garde se trouvent dans un petit écrin, une tête de Père Noël en bois laqué. À l'intérieur, il y a dix pièces, et l'une d'elles est légère comme un nuage. Un franc en aluminium de 1949. L'année de naissance de Patrick.

Patrick est mort en 2009, à 60 ans tout ronds, d'un œdème pulmonaire. Patrick, son aîné. Avec sa vie de besogne. Sa solitude de chien triste. Son sourire qui ne s'allongeait qu'après un verre ou deux, ou plus. Sur la fin, il appelait chaque jour la Mère. Il vivait petitement, d'allocations, mais il avait trimé depuis ses 14 ans. Toujours dans les mauvais coups, à être payé au noir. Sur les chantiers, puis dans les casses du coin. Il dépouillait les bagnoles, les Simca 1000, les 4L, les Renault 8, les DS, pour revendre des pièces détachées. Dans la crasse, dans le froid, à rentrer tout crado de cambouis. À digérer la journée au café. Son Patrick a été retrouvé par les pompiers chez lui, à la cité des Musiciens de Colombes, avec de l'eau dans les poumons et les jambes gonflées. À son enterrement, Martine ne tenait déjà plus debout. Elle a suivi son frère moins de deux ans plus tard. Trop d'excès, elle aussi, imagine Mémène. Son unique fille. Rase-mottes comme elle. Le même nez qui tombe. La même langue sans filtre. Avec son homme en cabane, ses deux gamins, son chômage qui traîne, son autre lascar qu'elle a connu quand elle travaillait à la mairie de Colombes, au service photocopie. Elle est morte à 61 ans.

C'est injuste, la vie, et dur, songe Mémène.

« T'iras jusqu'à 100 ans, la Mère, se moquait souvent Jean-Luc.

– Et pourquoi pas, elle répondait, avec ses yeux de défi. »

« Son Luc ». Il adorait rire. Il avait peut-être bien raison. Parfois, Mémène recompte son âge, si elle ne s'est pas trompée d'une décennie. Elle retombe toujours pareil.

La vie avec les gosses n'a pas été simple, quand elle se retourne. La dèche en rigolade, mais la dèche quand même. Patrick, Martine et Jean-Luc nés avant ses 22 ans. Des logements, à Colombes surtout, qui valsaient au rythme des expulsions. Les constructions et destructions dans ce coin-ci de banlieue tournaient à plein régime à l'époque. Alors ils alternaient, des petites maisons, des appartements. Ils avaient même habité un beau pavillon bourgeois. Squatté, bien sûr. Les loyers de retard se comptaient en années. Mémène charbonnait dans une usine de bobinage, mais ça ne suffisait pas. Elle se rappelle de la couleur du camion des huissiers, vert avec une bande rouge. Il lui avait pris son living et d'autres meubles. Il était reparti sans la table ni les chaises. On ne pouvait décemment pas laisser une famille entière manger par terre.

La suite a été plus douce parce qu'elle bossait pour la mairie. Les dettes étaient ponctionnées directement sur son salaire, mais au moins celui-ci tombait tous les mois. Mémène œuvrait comme femme de ménage et cantinière dans un lycée, la seule de la famille à y avoir jamais posé les pieds. Un lycée huppé et propre, qui n'accueillait pas des baltringues, comme elle dit. C'est là qu'elle a passé son dernier jour de turbin, avant la retraite. Elle a eu droit avec deux autres collègues à une petite cérémonie sous le préau. Le repas du midi à la cantine avait été offert et une bouteille ouverte. Il y avait une dizaine d'invités, toutes celles qui balayaient par terre et lavaient les chiottes. Elle portait un beau chemisier bleu à fleurs et des boucles d'oreilles assorties. Son supérieur l'avait remerciée :

elle avait dépassé de dix trimestres le seuil pour la quille. Si elle avait su…

Mémène n'a connu que deux fois l'amour, ou ce qui s'y apparente. Son premier mari travaillait quand il avait le temps, gagnait des sous seulement pour aller siroter. Quand il est mort, ça ne l'a pas attristée du tout. Une fois, avec son corps tout frêle, elle lui avait fracassé une chaise sur sa tête de biturin, elle revoit la scène. Son deuxième gus, lui, était criblé de dettes. Elle s'est remariée en prison, à Fleury-Mérogis. Deux ouvriers de la taule pour témoins, des habits pareils à ceux de tous les jours, quinze minutes ensemble pour se dire les vœux. Elle le visitait en prenant un car depuis la station Denfert-Rochereau, à Paris, s'asseyant parmi les femmes qui allaient voir leur fils ou leur mari. Comment il a fini, celui-ci ? Mémène cogite. Elle ne sait plus. Son dos la fait souffrir.

C'est mieux de ne pas penser, mais ça fait partie de la vie, elle s'imagine. Et puis ça revient toujours, d'une manière ou d'une autre, les bonnes choses comme les mauvaises. Quand c'est trop violent, elle fait pleuvoir les insultes. « Qu'est-ce que je peux être con ! »

Mémène n'a jamais couvert ses mots, et puis ça va si c'est elle qui le dit. Elle apaise son dos sur le canapé. Se plonge dans son *Télépoche*. Soupire. Elle tourne les pages en se léchant un doigt. Quand elle tombe sur une grille de son jeu préféré, elle commence ses incantations. Ses plissements de bouche. *R, A ; Deux, quatre, six lettres : Rassir.* Elle rassemble les lettres en couple, deux par deux, avant de les poser sur la grille. Elle est ailleurs.

D'ici, quand elle lève les yeux, elle peut apercevoir un bout du ciel et le soleil calfeutré par les bâtiments. Un couple de mouettes tourne au-dessus du parking. La Seine n'est pas loin. Les tours de la Défense découpent l'horizon et les derniers mètres de l'antenne de la tour Eiffel parachèvent la vue. Ce n'est pas une belle vue. Et puis Mémène est trop petite pour bien observer par-dessus le garde-fou. Quand elle scrute le bout de square de la cité, elle ne voit plus autant d'enfants qu'autrefois. Les gens ne font plus de gosses. Ses enfants, c'est tout ce qu'elle a eu de bon. Qu'est-ce qu'elle s'entendait bien avec eux.

N, A. ; Deux, quatre lettres : Naze. Elle déchiffre les mots avec le doigt. Bouge les lèvres. Ses lunettes sur son nez à pic. Elle lit, oublie, relit. Pose la pointe de son stylo sur les cases blanches et souffle, et ses soupirs sont comme des points de suspension. Elle jette un regard à la télé, allumée simplement pour la compagnie, se prend la tête dans les mains. Ses mains nervurées, en écorce. *S, A. ; Deux, quatre, six lettres : Salive.* L'après-midi coule ainsi.

Quand elle referme son *Télépoche*, il est à moitié rempli, moite de trop d'attention. Christian l'aurait achevé goulûment, lui. Son « Gros Père », comme elle l'appelle encore. Il se laissait vivre, humeur égale du matin au soir, ventre rebondi, moustache en U inversé, gourmettes à gros maillons, lunettes de mafioso pour les mariages et les grands événements, longue cicatrice rose sur le dessus de son bras, une sale blessure de football. Quand il donnait ses crampons à laver à la Mère, même à 30 ans passés, Jean-Luc se moquait de son frère. « Qui te fait tes godasses ? » il demandait, et Christian répondait « C'est maman ». Son Gros Père dévorait les grilles. À la chaîne, un ouvrier des mots croisés. Un jour, il a subitement arrêté. Mémène a su que quelque chose ne tournait pas rond. L'entreprise de Christian, une jolie imprimerie de Colombes, organisée en SCOP, l'a appelée peu de temps après, pour la prévenir. Il se baladait toute la journée dans les couloirs, blaguait avec les collègues et ne savait plus réaliser des gestes qu'il avait commis durant toute sa carrière. Christian n'était plus Christian.

Son Gros Père était entré dans l'imprimerie après son service militaire, qui l'avait esquinté. Avant, il avait fait un CAP de menuiserie, et Mémène s'en souvient parce que son seul fait d'armes se trouve dans l'entrée, un marchepied en bois miniature qui soutient son porte-parapluie en cuivre. À l'imprimerie, Christian a trouvé sa routine et n'a jamais voulu la quitter. Il tirait des plans de plusieurs mètres sur les énormes photocopieurs, ce qui était plus facile qu'à ses débuts, quand les machines fonctionnaient à l'ammoniac. L'odeur électrisait les narines.

Après l'appel, le médecin de famille a examiné Christian. Tumeur au cerveau. Ça n'a pas duré longtemps, quelques semaines. Il est mort en 2018, à 60 ans, au centre hospitalier de... Mémène lève les yeux vers son balcon. Elle a son front de tracas. Où est mort son Gros Père ? À l'hôpital ? Chez lui ? Elle patiente. Sa mémoire en confettis. Elle se lève, s'avance jusqu'à la porte de la chambre. Elle entre.

Sur le lit dans lequel elle ne dort jamais repose un bébé en plastique. Un vieux bébé, ancien modèle, emmitouflé dans les oreillers. Trouvé dans les ordures par Jean-Luc, il y a peut-être quinze ans. Jean-Luc adorait partir à la nuit tombée ou à l'éveil du jour faire les encombrants, récupérer les objets indésirables, les rebuts, les vieilleries, qu'il revendait ensuite dans des brocantes. Il avait ses endroits fétiches, à La Garenne-Colombes ou à Courbevoie, les quartiers rupins, ceux des cadres de la Défense. Il prenait une lampe frontale, comme les mineurs. Le jour même où il lui a donné le bébé, Mémène a commencé à tricoter des habits. Un gilet en laine blanc et bleu, un bonnet, un pantalon et des chaussettes assortis. Elle pense qu'il faudrait lui faire une toilette, il a la gueule un peu noire. Elle ne veut pas le déplacer. Le bébé est bien là où il est, sur le lit. Quand elle le prend dans ses bras, elle dit qu'il pèse lourd.

Jean-Luc était le plus gai. Avec ses mots qui aimantaient les sourires. À donner sans rien attendre. À raser ses tifs simplement pour le bonheur de voir les gueules horrifiées et tordues de rire de ses frangins. De la Mère. Lui non plus n'a pas eu l'existence facile. À 14 ans sur les chantiers, comme Patrick. Puis son boulot de charbonnier, à livrer des pellets de combustible aux foyers qui n'avaient pas le chauffage central. Un temps, il produisait même des boucles d'oreilles chez lui pour le compte d'un magasin de bijoux fantaisie. Des jobs par dizaines, jamais longtemps, toujours payés une misère. Des petites magouilles de renard, aussi. Une fois, il avait rapporté à la maison un tonneau de choucroute, chapardé on ne sait où, et des bâtons de nougat. Éric avait les dents toutes collées. La Mère en rit encore.

Mémène l'avait pistonné à l'Éducation nationale avant de prendre sa retraite. Jean-Luc travaillait comme homme à tout faire dans un collège, et cela le rendait heureux. Adoré par tout le monde, surtout par les femmes de ménage et la concierge, avec laquelle il frayait un peu. Il avait manqué se battre avec le mari.

Les souvenirs les plus précieux de Jean-Luc se trouvent dans le grand placard, à côté du lit, dans une simple pochette cartonnée. Mémène ne se rappelait pas qu'elle l'avait rangée là. Avant de la retrouver, elle a ouvert l'armoire, tiré les tiroirs de la commode, sorti les classeurs avec les bulletins de paie, les relevés de compte, les actes de décès de ses enfants qui côtoient les albums photo, des clichés par centaines, et elle a caressé de ses doigts tous les visages disparus, sans s'en rendre compte. Dans la pochette, Jean-Luc est en short, le buste nu, sur un ring de boxe. Il esquive une droite de son adversaire et le coup vient lui lécher la nuque. Son corps est jeune, galbé et fier. Avant les fracas de la vie, avant l'arrêt cardiaque qui l'a laissé boiteux. Jean-Luc avait boxé une dizaine de fois, à un bon niveau amateur. Le cliché en noir et blanc est suivi d'une collection de coupures de journaux, des photos de légendes du *noble art* tamponnées par Associated Press, la grande agence américaine. Jean-Luc au milieu de Mohamed Ali, Marcel Cerdan, Jean-Claude Bouttier.

Mémène s'aperçoit qu'elle vient de regarder à quatre reprises le contenu de la pochette. À côté de celle-ci, la boîte à gâteaux de Christian. Son magot de vie à lui. Une assiette en métal de France 98, un cigare de la République dominicaine, des cartes à jouer avec des femmes en petite tenue. Ses gourmettes à larges maillons.

Mémène est recourbée sur la boîte. « C'est fini tout ça, c'est du vieux. »

Jean-Luc et Christian. Il fallait descendre trois étages pour voir ses gars. Simplement emprunter l'escalier et traverser tout le couloir qui résonne comme une montagne. Les deux frères vivaient ensemble dans un deux-pièces de l'immeuble. Alors la Mère vivait avec eux. Elle descendait vers 16 ou 17 heures, quand ils débauchaient. Ils racontaient tout et rien autour de la table du salon. Christian et Mémène n'ont jamais été de grands causeurs, c'est Jean-Luc qui dictait la conversation. Ils regardaient la télé, des vieilles comédies, les Bourvil, de Funès, Fernandel. Mémène préparait le souper.

Les week-ends d'été, quand la chaleur débordait, ils prenaient la voiture et allaient au jardin d'Argenteuil. Là-haut, une partie encore sauvage, insoupçonnée, une campagne après les cités et les zones industrielles. Ils louaient la parcelle une poignée de cerises. Patrick et Jean-Luc avaient récupéré des planches et construit une grande cabane. Ils y avaient entreposé leurs outils, une tondeuse, une débroussailleuse, et aussi une banquette, des chaises, une table, et ils s'asseyaient dans l'herbe, mangeaient des sandwichs préparés avant de partir avec ce qu'il restait dans le frigo, parfois des saucisses grillées au barbecue. Jean-Luc faisait tomber le tee-shirt, et son corps ne ressemblait plus à celui d'un boxeur. Il bûchait la terre, l'avait récurée des mauvaises herbes, la traitait dignement parce qu'il aimait sa parcelle. Il récoltait des laitues, des haricots verts, des tomates. Et quand le ciel d'été projetait ses dernières lueurs, roses et turquoise, tous ensemble ils repartaient vers Nanterre.

Mémène rompt le silence de la chambre. « J'étais tellement bien avec eux. Je suis partie, moi aussi. »

Sa mémoire consumée par le deuil. Son écume de souvenirs.

Mémène ne se rappelle pas l'appartement du troisième étage. Elle ne se souvient pas de la rose lavasse de Jean-Luc, son tatouage un peu canaille sur le bras. Du piaf vert estropié qu'il gardait dans une cage. De la cavalcade vers l'hôpital, quand la fin était proche. Avec Éric, dans son camion de chauffeur-livreur, et le camion qui sautait les trottoirs, grondait, poussé par la tristesse, et elle ratatinée sur le siège, sa main agrippant la ceinture, si minuscule qu'elle ne pouvait distinguer la route défilant à toute allure. Et les larmes qui cognaient les visages. Mémène ne sait plus que Jean-Luc est mort après dix jours dans le coma, une grimace lui sabrant la figure. Le 1er novembre 2012, à 16 h 20, à l'hôpital de Villejuif, d'un cancer généralisé, à l'âge de 60 ans. Mémène ne sait plus tout ça. Sa mémoire lui dit que son Luc, qui adorait rire, est mort sans s'en apercevoir, en riant. Il adorait rire, « son Luc ». Mémène range la pochette où Jean-Luc est parmi Ali, Cerdan, Bouttier. Elle rabat la porte du placard. Elle éteint la lumière et referme la porte de la chambre.

Arnaud

par Pierre Carrey

Rudy Terrano est debout depuis 2 h 30 du matin, pieds nus dans la terre, et sa pioche perce le sol comme s'il cherchait un trésor. Il fait une douce nuit de février. Par la porte coulissante, la grange projette sa lumière et des tubes de Queen qui ne réveilleront pas les voisins. Autour, la forêt des sangliers. Derrière, le cimetière du village de Contes. Devant, le mont Agel, frontière naturelle entre cette vallée paysanne et la principauté de Monaco. Rudy dessine une liane géante avec la pioche, pas très profond, pas très large, l'emplacement exact d'une gaine électrique qui reliera la grange et une serre pour les semis. Il racle le sable en douceur, mais il a le regard possédé. « J'ai une œuvre à terminer. »

La ferme de la Sousta est construite en creux de vallon, au bout d'une route qui s'appelle « chemin », débouchant d'autres « chemins », ouvrant vers de nouveaux « chemins », ceux-ci plus étroits, et, s'il n'y avait pas les panneaux FERME, il ne serait pas rare que les habitants de la plaine du Paillon se perdent en voiture. Au nord-est de Nice, entre la mer et les montagnes du Mercantour, les collines sont sculptées en labyrinthes. Il paraît que « Sousta », en provençal, veut dire « se réfugier », « aider », « épauler quelqu'un ». Rudy pense que le nom résume la période d'entre-deux-guerres, peut-être l'angoisse de la faim, parce qu'une plaque est toujours scellée dans le bâtiment principal, datée de 1928. « Les gens voulaient un refuge. Ils ont pas appelé ça "le Belvédère"… » Rudy pose sa pioche. Freddie Mercury continue de chanter. C'est l'heure du café, mais Rudy n'a pas de cafetière.

Entre 2012 et 2019, la Sousta était la ferme d'Arnaud Valentin, dont le souvenir a beaucoup marqué les chemins. C'était un paysan « humaniste », natif des Vosges, qui voulait nourrir tous les « fils de mauvaise graine non OGM », selon son expression à lui. Nourrir ses cinq enfants, sa femme, aussi bien que les filles et les fils des autres, avec des légumes simples, beaux, à prix raisonnables, sortis d'une terre saine, généreuse et pas collante, qui s'enlève d'un coup quand on passe le petit doigt sur les vermicelles très blancs à la pointe des poireaux.

« Nourrir », c'était l'un des verbes préférés d'Arnaud. Mourir est arrivé l'année de ses 47 ans. Alors, Rudy a repris la ferme d'Arnaud.

Rudy habitait à deux minutes de sprint à travers bois. Il se rendait chaque samedi au petit marché organisé dans le hangar de la Sousta, toujours à blaguer, rigoler, et souvent, quand venait le moment de confectionner son panier de légumes, il ne restait rien, les clients avaient déjà tout pris. Rudy est un jeune trentenaire tout en nerfs, qui s'apprivoise lui-même par la méditation, quand Arnaud était réputé zen, ou voulait se faire voir ainsi pour rassurer ses proches. Arnaud Valentin a transmis, Rudy Terrano a repris. Rien n'a véritablement été préparé en ce sens, parce que la mort a été soudaine, mais c'est ce qui s'est passé à la Sousta.

Rudy est « très fier de poursuivre l'œuvre d'Arnaud, parce que c'était un homme bien ». Il a laissé tomber son travail de métallurgiste et s'est lancé dans la terre, dont il ignorait la science et la débrouille. Le paysage sur 0,4 hectare l'a guidé sur ce qui avait été accompli avant lui, sur ce qu'il devait corriger ou terminer. Rudy marche souvent pieds nus pour éprouver les couches du sol, qui s'effritent en sable et, l'été, restent fraîches à l'intérieur. Il veut « un sol vivant ». Pas retourné, pas griffé sous le labour, à peine fissuré quand nécessaire, pour y faire passer une gaine électrique. Avec le précédent locataire circulait un antique tracteur rouge des années 1950 ou 1960, qui toussait au démarrage, secouait ses vertèbres de ferraille tous les 3 mètres, pratique pour transbahuter les outils, mais Rudy n'en a pas voulu, parce que, entre autres, les roues abîment le sol.

Arnaud avait planté des arbres et c'est Rudy qui récolte. Les pêchers, alignés devant la grange, font tomber les fruits presque tout seuls, pleins de goût, de sucre, de jus. L'occupant actuel n'a pas besoin d'échelle, car les branches s'élancent d'un tronc bas. Il suffit de tendre la main. Arnaud avait taillé les pêchers « en gobelet », gardant trois à cinq branches maximum, ce qui figure une sorte d'étoile autour du tronc si on regarde le jardin depuis le ciel. Ainsi, l'air et le soleil se promènent mieux entre les branches. Ces pêchers ont été ciselés jeunes, pour activer la sève et faire pousser l'arbre plus vite, mais Arnaud n'a pas eu le temps de les voir grandir. Il a laissé derrière lui des adolescents, entre le scion enfant et l'arbre adulte qui donne des fruits chauds et coulants comme du jaune d'œuf.

C'est la vie des graines : avant Rudy, Arnaud a reçu ses semences des autres. L'oignon rose, variété dite « de Menton », tel le citron, il l'a obtenu de Nicole, qui en avait hérité de ses grands-parents, cultivateurs dans l'arrière-pays niçois. Les tresses de cent étaient livrées à dos de mule. Comme Nicole prenait sa retraite de maraîchère, elle voulait que son trésor de famille perdure, et elle a choisi de le confier à une ferme où les légumes vivent heureux. Quand Arnaud est mort, l'oignon rose de Menton a failli disparaître, retombé plusieurs mois durant au milieu de ses pelures, et il a fallu attendre que Rudy s'installe pour relancer la variété. Scrupuleusement, ce dernier respecte le pacte conclu entre Nicole et Arnaud : ne pas commercialiser les graines, qui doivent demeurer gratuites, inaliénables, offertes à tous ceux qui voudraient se nourrir.

À cinq minutes de tracteur de la Sousta, Arnaud exploitait une seconde parcelle, sur la commune de Blausasc, dont le nom veut dire « terrain en pente ». Le lopin de 1,3 hectare se trouve de l'autre côté de la D 2204. Ce n'est pas Rudy qui a repris, mais une régie municipale, aux petits soins avec les cantines scolaires. « On continue le bio d'Arnaud, c'est lui qui a ouvert la voie », explique le maire, Michel Liottet, qui a maintenu la surface agricole malgré l'intérêt des promoteurs immobiliers. L'édile sait la valeur inestimable des tomates. Il raconte qu'il a autrefois été obligé de semer et de récolter pour sa famille, à partir de ses 12 ans, quand son propre père est mort. Ses parents travaillaient pour la société des ciments Vicat, encore en activité, principal employeur du village, mais Michel avoue qu'il « préfère voir pousser des légumes que du béton ».

Le voisin, Christophe, candidat à la reprise, a été débouté. Il était prévu qu'il s'associe avec Arnaud et, à tout le moins, après son décès, il aurait trouvé logique de prolonger son œuvre. Le village a préféré un système de régie communale. Le personnel de mairie s'est donc arrangé seul pour comprendre les plans du réseau d'arrosage ou la répartition des « restanques », ces bandes de culture qui sont normalement soutenues par des murs de pierres. Les trois serres d'Arnaud ont été multipliées par deux, parce qu'il faut nourrir chaque jour cinq cent quatre-vingts enfants et une poignée d'adultes. Des ruches ont été dispersées, transpirant du miel de garrigue, floral et résineux. Une unité « chèvre » sera bientôt construite au milieu des cultures, pour le lait, le fromage et les yaourts, une unité « porcs et volailles » suivra, même un atelier de surgélation des légumes. L'élevage des escargots a été mis à l'essai ; le chef de la cantine cherche des recettes pour faire passer cette viande miniature sans entendre de cris.

Sébastien Portelli est le responsable de ce jardin étagé sur la colline. Il vit au fond d'une forêt qui casse les ondes des téléphones portables. Son bras droit est tatoué de ronces et de mûres, un végétal increvable, qui s'épanouit presque partout dans la nature. Aidé de deux collègues à temps plein, Sébastien peut aussi compter sur les employés des autres services, la voirie pour les travaux de terrassement, l'élagage pour répandre des restes de haies coupées – un excellent compost, à l'exception des résidus de pin, trop acidifiants pour le sol. Le paysan municipal n'a pas connu Arnaud, mais il se sent « le devoir de continuer son travail. Tout montre ici que c'était un super agriculteur». La terre, propre et fertile, ou les arbres jamais malades. Sébastien aurait voulu retrouver les graines d'Arnaud, mais elles avaient inexorablement moisi. Il n'a pu sauver que ses artichauts de Nice, aux feuilles mauves et coriaces, qui se ramassent jeunes pour éviter la prolifération du foin. Sébastien a replanté cinq pieds survivants sur une restanque et les a reproduits, si bien que les enfants de Blausasc vont prochainement déguster des artichauts en plus des escargots.

C'est à la sortie de cette parcelle qu'Arnaud Valentin s'est tué le 2 mai 2019, sur un chemin plat et rectiligne, alors qu'il revenait à la ferme de la Sousta. Son vieux tracteur rouge s'est renversé sur le côté droit. Il a chuté de 3 mètres, dans le lit du ruisseau de la Garde. Arnaud a été écrasé sous le poids de l'engin. Quand Christophe est arrivé sur les lieux de la catastrophe, le moteur tournait encore.

Les amis ont cherché des explications qui ne sont pas vraiment venues, tandis que la gendarmerie, chargée de mener l'enquête, écartait la piste de l'alcool et du téléphone portable. Certes, le chemin était étroit, et peut-être qu'Arnaud roulait un peu plus vite que d'habitude, pressé de livrer une cagette au magasin Biocoop, d'aller chercher les enfants à la sortie de l'école, la tête emplie de soucis, les siens et ceux des autres, qu'il écoutait et qu'il stockait au fond de lui. Mais on s'est rappelé aussitôt qu'Arnaud n'était pas le roi des étourdis ni un chauffard des montagnes, comme certains qui l'ont payé de leur vie, au creux d'un précipice. Avait-il eu un malaise ? Puis les amis ont découvert qu'Arnaud venait d'acquérir un tracteur moderne, pourvu d'un arceau de sécurité, ce qui lui aurait certainement évité de basculer sous la carcasse de fer. À ce moment-là, Arnaud avait 46 ans, une femme, et cinq enfants de 10 à 17 ans. Lui, après sept ans de travail comme maraîcher indépendant, était sur le point d'étoffer ses terres et de travailler avec son voisin et associé. Ses amis estiment que ces changements étaient peut-être le signe d'un aboutissement personnel, une façon de se rassurer, ou, au contraire, le début de nouveaux problèmes, comme chaque fois que l'on grandit.

Depuis son champ d'oliviers qui surplombe la Trinité-sur-Mer, Henri Derepas regarde souvent en direction des montagnes. Une colline lui barre la vue des anciennes cultures d'Arnaud, la ferme de la Sousta à Contes, le terrain étagé à Blausasc, mais il y pense tous les jours, déchiré entre un sentiment de fierté et une tristesse qui ne s'évapore pas. Arnaud a été son petit frère. Un jour de 1993, Arnaud Valentin, descendu de son village de Corcieux, dans les Vosges, diplômé d'un BTS d'arboriculture à Avignon, frappe à la porte chez Henri et Ginette Derepas pour devenir leur élève et leur ouvrier. Il est le fils d'un sapeur-pompier et d'une mère au foyer – fratrie de cinq. Les Derepas, eux, sont des artistes de l'agriculture bio, des puits de savoir jamais à sec, loués comme des « humanistes ». Leurs merveilles d'olives, au goût de cerise confite ou de vieux vin millésimé, sont vendues dans les palaces ou au magasin Auchan du village. Les Derepas totalisent plus de 200 prix dans les concours d'olives, et autant d'élèves formés sur leur domaine.

Henri, porte-parole local de la Confédération paysanne, transmet à Arnaud, végétarien, pacifiste, la rudesse des combats. L'agriculture est une guérilla. Les Derepas ont dû successivement se battre contre les chasseurs qui avaient annexé leurs plantations ; contre les ennemis du bio, adeptes des pneus crevés et des lettres anonymes, qui se sentent menacés par un nouveau rapport à la terre, à la charnière des années 1970 et 1980 ; contre la métropole de Nice, présidée par Christian Estrosi, et lorgnant ce joli promontoire avec vue dégagée sur le Mercantour, emplacement rêvé pour des villas haut de gamme. Arnaud n'aura pas eu autant de coups à prendre, voire à rendre. Son activité coïncide avec le triomphe du bio, et sa disparition avec les premiers symptômes du déclin, éventuellement liés à la crise du Covid, même si on ne voit pas trop par quels câbles. L'Arnaud militant se frotte aux réunions, manifs, foires, congrès. D'abord salarié pour les Jardins de la vallée de la Siagne, une association d'insertion. Ensuite comme paysan indépendant et dirigeant bénévole chez les Agriculteurs bio des Alpes-Maritimes, qui représentent 11 % des terres cultivées dans le département.

Si les arbres ressemblent à leurs hommes, on comprend qu'Henri soit droit, serein, les racines enfoncées dans la roche. Il œuvre sur 1 100 pieds, dont les plus anciens dépassent les deux siècles. Henri et Arnaud sont d'accord sur la leçon de l'olivier : « Imagine que, des gars comme toi et moi, il en a connu dans son existence… Nous, on ne fait que passer. » L'olivier traverse les époques et les dangers : les hommes, la mouche, la sécheresse, le gel. Le mentor résume : « L'arbre est un sujet vivant, pas un objet qui permet de faire du pognon. »

Quand Arnaud a su qu'Henri ne trouvait pas de successeur pour son exploitation, il lui a envoyé des textos interminables pour l'encourager à ne pas lâcher. C'était aux alentours de 2018. L'élève craignait que le monde s'écroule en même temps que ce sanctuaire d'humanité. Qu'Henri et Ginette voguent enfin vers la retraite, Arnaud s'y attendait, et ils ne l'avaient pas volé, bien sûr, mais il ne fallait pas que le couple ait fait « tout ça pour rien », qu'il capitule pour son dernier combat, vaincu par les ronces et la broussaille. Les Derepas sont parvenus à céder leur affaire en février 2023, à des producteurs de vin bio du Gard qui ont promis de choyer les arbres et de laisser les anciens propriétaires vivre au milieu d'eux. « Et Arnaud ? demande Henri. Est-ce qu'il est allé au bout, lui ? Je crois qu'il a atteint ce qu'il voulait, mais il n'en a pas profité assez longtemps. »

En mémoire de ses années chez Henri Derepas, Arnaud Valentin a essayé de planter des oliviers autour de sa maison, qui s'élève entre la ferme de la Sousta et le terrain de Blausasc. Puis, par manque de temps, il a délaissé ces arbustes de bijoutier, qui scintillent au premier souffle du vent. Les fruitiers, plus nourrissants, sont prioritaires dans son travail, et d'ailleurs ces arbres aident les légumes à pousser sous leurs branches, grâce au voile d'ombre qu'ils étirent, aux rations copieuses de carbone et d'azote qu'ils emmagasinent dans le sol, à tous ces flux qui passent d'une racine à l'autre, comme une transfusion sanguine. Les oliviers d'Arnaud sont sa « branche sacrifiée », comme le décrit Henri ; ils ont presque commencé à jaunir, mais ils tiennent bon quand même, autour de la maison qu'occupent toujours Magalie et les enfants, Tao, Louna, Marley, Yarol et Apis.

L'auvent blanc écru, indispensable autrefois les jours de marché, est monté dans l'allée, au cas où des amis passeraient boire un verre. Magalie Valentin, occupée, répond derrière les murs, par SMS. En ce début 2023, elle prépare une reconversion en éducatrice spécialisée. Elle a rencontré Arnaud dix-sept ans plus tôt, quand il travaillait chez Derepas, en service civique. C'est elle qui repère le terrain agricole de la Sousta, sur un site de ventes immobilières. L'année de ses 40 ans, Arnaud débute son rêve de s'installer, *enfin*. Quelques années plus tard, un jour de grande fatigue, de calcul des dettes ou de légumes cisaillés par la maladie ou autre coup du sort, Magalie lui demande comment il se sent dans sa vie. Arnaud lui dit: « Je suis le plus heureux des hommes: j'ai mes cinq enfants, mes chiens et le métier que j'ai choisi et qui me fait me lever tous les jours avec envie. » Quand il s'est tué sur son tracteur, sa femme dit avoir pensé « un instant, court, si court », que c'était « la plus belle mort qu'il aurait pu vouloir ».

À la ferme de la Sousta, en plus de son mi-temps dans une association d'accompagnement des personnes handicapées, Magalie avait fait naître, renaître, quelques fêtes paysannes. Vin chaud et marrons grillés en fin d'année; concerts de jazz aux changements de saison; initiation à l'astronomie; exposition photo sur les migrants, portraits de déracinés au milieu des récoltes… Les enfants Valentin jouaient avec les enfants des clients et des copains. Des paysans bio de la vallée en profitaient pour présenter miel, fromage, huiles essentielles, vin du pays – étonnamment mûri au soleil dans des bonbonnes en verre, avant de fermenter dans des barriques en bois. Mais les gens avaient si hâte de la prochaine fête que Magalie avait transformé la vente directe du samedi matin en « réunion de famille ». Le hangar avait été aménagé en salon. D'abord quelques chaises, puis une authentique banquette, une lourde table où on partageait le café et les gâteaux entre la multitude des courgettes... Le marché de la Sousta attirait de toute la vallée du Paillon, des embouteillages avaient été rapportés sur les chemins.

En cette fin de journée, Rudy Terrano a décidé de manger une patate douce, crue, avec la peau, un délice. Pieds nus, il se chauffe devant un poêle à bois, son petit salon d'hiver, à l'entrée du hangar à légumes. C'est dans cette pièce qu'il médite ou repense à son arrivée sur ces champs de terre douce, en février 2020, alors qu'il se préparait à faire un tour du monde en voilier, sur un bateau à demi pourri qu'il retapait dans le port de Beaulieu-sur-Mer jusqu'au jour où la plomberie a lâché et que l'embarcation a coulé. « C'est curieux, il répète, les dents plantées dans la patate. Je suis arrivé quand Arnaud partait. » Aux beaux jours, Rudy éteindra le feu et rouvrira la ferme pour les petits marchés, trois jours par semaine en plus du samedi. Il espère que les habitués retrouveront le chemin. Beaucoup n'ont pas osé ; certains se sont mis à pleurer en arrivant dans la cour. « Je n'y peux rien, lâche Rudy. C'est une affaire de vibration. Je ne peux pas attendre que les gens entrent en vibration avec moi comme ils l'ont fait avec Arnaud. »

Cependant, Rudy a modifié quelques arpents du potager, pour tenter d'y semer sa marque, avec respect. L'ancien soudeur et serrurier a créé une composition artistique de pelles et pommeaux d'arrosoir qui dessinent un visage riant. Des nouvelles serres ont été dressées, une caravane et un chalet miniature installés pour héberger les jardiniers de passage et, donc, un système électrique passant par des tranchées dans le sol, pour programmer l'arrosage automatique et pouvoir dire, parfois, « j'ai des vacances ». Apparemment, ces petites transformations font du bien à tout le monde. Une cliente confie : « Ça a tellement changé que je peux revenir. »

Derrière le poêle à bois du hangar, un rideau permet d'accéder à l'espace de vente, vide à la morte-saison, avec les prix de l'année dernière sur des ardoises. Tout en haut est accroché un portrait d'Arnaud. De cette manière, il habite encore la Sousta. Vêtu d'une chemise blanche, sourire rayonnant d'une chaleur indéfinissable. Il a l'air pensif. Rudy affirme que, des fois, il lui parle. « Quand j'ai des questions pour Arnaud, il me répond. Il me donne de la force. Mais avec le temps, j'ai de moins en moins besoin de lui demander des choses. Il faut le laisser un peu tranquille. Il a mérité qu'on lui fiche la paix. »

Il arrive que la famille Valentin retourne à la ferme de la Sousta, pour essayer d'encourager Rudy, qui essaie d'aider Arnaud. À sa façon, elle veut s'assurer que les graines d'Arnaud sont entre de bonnes mains. L'aîné des enfants, Tao, a demandé à travailler quelques semaines sur l'autre terrain, à Blausasc, parmi les employés communaux qui préparent l'alimentation des cantines. Encore une fois, pour s'assurer. Il leur a dit qu'ils travaillaient comme Arnaud l'avait fait, et les employés ont été émus aux larmes. Tao a quitté la vallée du Paillon pour apprendre les métiers de la vigne et du vin. En partant, il a fabriqué un petit autel de bois, sur le chemin qui mène à la parcelle, sur le bord de la rivière, là où son père a chaviré. Des oiseaux se sont servis dans les branchages et en ont fait leur nid.

Liliane

par Marie Piquemal

C'est bien beau de dire qu'on vit plus longtemps. Mais ce n'est pas vrai pour tout le monde. Et puis, tout dépend des conditions dans lesquelles on vit. De ça, personne n'en parle. Dans ce livre, vous racontez la vie des gens qui sont morts avant la retraite. Moi, mon Jean-Pierre, il est parti à 69 ans, mais sa retraite, il n'en a pas profité. Il est tombé malade tout de suite. Un cancer de la mâchoire, à 52 ans. Je me souviens très bien : notre première petite-fille venait de naître. Il n'a pas pu venir à la maternité, parce qu'il était hospitalisé. Sur sa table de chevet, on lui avait posé la photo du bébé, qu'il montrait à toutes les infirmières. C'était sa fierté. La maladie l'a mis à terre. Les médecins ont reconstruit la mâchoire avec des côtes flottantes. Les rayons ont noirci ses dents, elles sont devenues fragiles, tombant par morceaux, petit à petit. Il n'a jamais pu avoir d'appareil. Le cancer l'a marqué physiquement, il faisait avec, mais il n'a jamais réussi à se le sortir de la tête. Même pendant la rémission, il ne pensait qu'à ça, il en parlait tout le temps. Il savait qu'un jour, la maladie reviendrait.

Comme pour les autres. Il notait sur un bout de papier les noms des collègues malades, une liste que je dois avoir gardée quelque part. Jean-Pierre travaillait à la mine. Autour de nous, beaucoup sont morts jeunes ou sont tombés malades. On vient tous les deux d'une famille de mineurs : mon père l'était, le sien aussi. Je suis née en Lorraine, je suis l'aînée de six sœurs et deux frères arrivés sur le tard. J'ai toujours vu mon père se battre pour que notre vie soit meilleure. J'ai rencontré Jean-Pierre en Maine-et-Loire, quand nos papas travaillaient ensemble. On s'est fréquentés un an, avant qu'il ne parte faire son service militaire à Rochefort-sur-Mer. L'armée voulait le garder, il a hésité, mais finalement il est descendu au fond. Peut-être pour prouver que, lui aussi, en était capable. Je sais pas. Mineur, c'est un travail difficile. Tout le monde le sait. Mais nous en étions fiers. C'était toute sa vie, à Jean-Pierre. La mienne aussi. Pour nos générations, c'était comme ça. Le travail prenait beaucoup de place. Peut-être trop. Je me pose la question aujourd'hui. En tout cas, les jeunes de maintenant ne font plus ça, alors que lui a beaucoup sacrifié pour le travail, la vie de famille. Il faut le dire. En 1973, quand Stéphanie, notre première fille, est née, Jean-Pierre travaillait dans une mine de fer du Maine-et-Loire. Puis on est partis en Corrèze. Là-bas, c'était le plomb et l'argent, quand j'ai eu mon fils Laurent. Et enfin, on s'est posés ici, dans le Midi, en 1983, à la mine d'or de Salsigne, dans l'Aude.

Ça fait prestigieux, quand on dit ça : "Une mine d'or". Les gens s'imaginent que les conditions d'extraction sont meilleures. En fait, pas du tout. C'est même pire. Le minerai est chargé d'arsenic, qui se répand partout lors de l'extraction. Et avec les traitements chimiques par-dessus… Ah ça, ils en ont inhalé, des poussières. Elles traversaient les vêtements et rentraient par les pores de la peau. Le dos de Jean-Pierre était dans un état le soir… Des boutons de partout. La pharmacienne me préparait des lotions pour l'apaiser. À l'odeur, déjà, on savait que pour la santé, ça n'allait pas. Une odeur pareille… je ne sais pas la décrire. Forte, tenace. J'étais obligée de faire tourner le lave-linge à vide entre deux machines, et encore, je n'en venais pas à bout. Elle restait.

Bien sûr, quand on vient d'une famille de mineurs, on connaît les risques du métier. Mon beau-père est tombé malade de la silicose bien avant la retraite, à 50 ans : il avait les poumons en gruyère, comme on dit. Jean-Pierre a aidé sa mère pendant des années en envoyant des mandats pour s'occuper de la famille. Cela fait partie de la vie des mineurs, mais on n'y pensait pas en permanence. C'était la mine, leur métier, qui passait avant tout. Le matin, il nous embrassait toujours, les enfants et moi. Comme faisait mon père. Dans un coin de leur tête, ils pensaient au risque d'accident, au coup de grisou. C'est toujours quelque part, ça aide à rester vigilant aux bruits, au moindre signe, je pense. Jamais ils n'en parlaient. Ni papa ni Jean-Pierre. Mais du reste, du travail au quotidien, ça oui. Tout le temps. Je revois ma mère écouter mon père pendant des heures le soir. Jean-Pierre, c'était pareil. Il avait besoin de raconter. Les chaleurs à suffoquer, parfois à 50°. La sensation d'étouffer quand il descendait au fond. Ce n'était pas tout le temps, il a fait une partie de sa carrière « au jour », à réparer les machines. Et il y avait les vingt minutes de pause à midi, pas une de plus, et, au début, les semaines de quarante-huit heures, du lundi au samedi. Aux trois-huit. Le soir, il ne veillait jamais. À 20 h 30, au lit. Surtout les dernières années, les plus difficiles. Quand le dos est usé et craque de partout, ça devient vraiment dur. Pour tout le monde.

J'ai encore la cassette de Jean-Pierre et ses collègues, quand ils s'étaient filmés dans la mine, qui permet d'observer leurs conditions de travail. Cette vidéo date du mouvement de grève de 1992. Un moment fort dans nos vies. Ils ont campé dans des tentes blanches devant la préfecture à Carcassonne, et ont déposé un énorme bloc de minerai sur le parvis : le "rocher de la lutte”. Cet hiver-là, la neige était tombée en quantité, ce qui est rare dans le coin. Lui et ses collègues, ils avaient donné un coup de main avec leurs machines pour déblayer les pas de porte. Les Carcassonnais, par reconnaissance, leur apportaient des plats chauds lors du blocus, pendant quasi trois mois ! Ces marques de soutien, ça leur avait fait du bien. Ils en parlaient souvent. Entre mineurs, on est très soudés. Avant qu'on s'installe ici, deux familles sont venues en éclaireurs, on a tous suivi quelque temps après. Tous côte à côte, dans des petites maisons au lotissement de la Blabine, dans un village en contrebas, à Villeneuve-Minervois. Longtemps, on s'est sentis étrangers. Il faut du temps pour trouver sa place. Avec les autres femmes, on faisait les vendanges. Pour payer les factures, pas pour aller faire les magasins en ville. Ça n'a jamais été mon truc, c'est bien tombé. Ma vie tournait autour de celle de mon mari. On faisait tout ensemble, même les courses au supermarché… Nous n'avions qu'une voiture, et je n'ai jamais passé le permis. On est restés au même endroit, je paie 400 euros de loyer ; la pension de réversion, c'est 54 % de sa retraite, à peu près 1 200 euros.

Quand il le pouvait encore, Jean-Pierre m'arrangeait des petites choses dans la maison. Il bricolait. Un touche-à-tout. Je lui disais “tu laisses des traces”. La balançoire dans le jardin, pour les petits-enfants. Il leur reste ça de leur papi.

Le cancer a récidivé en 2012. La gorge, puis les poumons, et tout le reste. Il a été malade longtemps, il a souffert. Je me suis battue pour les papiers. Pour lui, et puis pour moi aussi : c'était important que le lien soit établi avec le travail. J'ai écrit une longue lettre, avec mon ressenti. Ce n'était pas par colère, parce qu'on était fiers de son travail. Mais pour obtenir la reconnaissance. Pour se dire qu'il s'était donné corps et âme pour quelque chose. Je guettais le courrier. Un jour, la lettre a fini par arriver. Le lien n'a pas été établi. Comme il fumait, le médecin a considéré que le doute existait. Mais ils étaient je ne sais combien à avoir des cancers comme Jean-Pierre, à avoir tout donné pour leur travail, pour ne pas obtenir seulement la reconnaissance.

Heureusement, on a pu réaliser notre projet d'avoir un petit quelque chose à la mer. Ce mobil-home à Marseillan, je suis émue d'y penser. Ce qu'on l'aimait ! C'était la grande joie de Jean-Pierre durant ces années de maladie. Il guettait la date de l'ouverture du camping. Là-bas, il se sentait mieux. La pétanque, la pêche. Bien sûr, rien n'était simple. Les allers-retours à l'hôpital de Sète, la logistique médicale, les poches… N'en parlons pas. Le mobil-home, je ne l'ai plus aujourd'hui.

Jean-Pierre s'est battu jusqu'au bout. Il ne voulait pas perdre espoir. Jusqu'à la fin, il a essayé de nouveaux traitements, au-delà du raisonnable. Il a servi de cobaye. Mais il voulait tout tenter. Je devais rester forte, à ses côtés. Ne pas pleurer devant lui. Peu à peu, avec la maladie, on se coupe de tout, des voisins, des proches. Lui comme moi. C'était tout juste si je pouvais sortir dans le jardin pour étendre le linge, parce qu'il avait besoin que je reste près de lui. Il n'arrivait plus à manger, il avait perdu le plaisir des saveurs, de mâcher. Jamais je n'aurais pensé que ça le minerait autant. Au fil du temps, il a même perdu l'usage de la parole. Il ne pouvait plus articuler. Plus personne ne le comprenait sauf moi. Il en souffrait. À un moment, les médecins ont mis un bouton accroché à un fil autour du cou, sur lequel il appuyait pour parler. Ce n'était plus sa voix, mais celle d'un robot, la seule que nos petits-enfants les plus jeunes ont entendue. Ils n'ont jamais entendu sa vraie voix, n'ont pas pu se faire ces souvenirs que l'on garde pour plus tard.

L'équipe

Grégoire Biseau est rédacteur en chef adjoint à *M le magazine du Monde*. Il coordonne des enquêtes et reportages à tonalité politique et sociale mais aussi culturelle. Le longiligne aime le long récit dans la mesure où les personnages et leurs actes peuvent être replacés dans toutes leurs dimensions : psychologique, sociologique et politique.

Romain Boulho est journaliste à *Libération*. Il aime le reportage et le portrait, raconter l'infiniment petit, les quotidiens bouleversés, les campagnes, les banlieues, les terrains de sport.

Pierre Carrey est un journaliste nomade. Né dans les Pyrénées, il chasse les grands troupeaux et cueille les fruits sauvages du sport cycliste, son domaine de prédilection, qui l'a ballotté d'une route à l'autre, dans les campagnes profondes d'Okinawa, du Jura ou du Rwanda. Il a notamment écrit dans *Libération*, *Le Temps*, la revue *XXI*, a publié quelques livres (*Giro*, Hugo poche, 2021), donné des cours de journalisme (au CFPJ) et inventé une recette de pâtes torréfiées (à la poêle).

Sofia Fischer est journaliste au *Monde*. Elle est basée à Nice, où elle couvre l'actualité de la région. En parallèle, elle enquête sur les violences faites aux femmes partout en France.

Alice Géraud est journaliste et scénariste. Après avoir longtemps travaillé au service société de *Libération*, elle a cofondé et codirigé la rédaction du média *Les Jours*. Elle est aujourd'hui indépendante. Elle est l'autrice de *Sambre. Radioscopie d'un fait divers* (JC Lattès, 2023) et de *Toni 11.6. Histoire du convoyeur* (Stock, 2011). Elle est membre du collectif d'autrices Toute Ressemblance, qui réfléchit sur les narrations du réel.

Ramsès Kefi est journaliste à *XXI*. Formé au Bondy Blog et à Rue89, il a passé six ans à *Libération* à la rubrique société, avec une petite spécialité pour les périphéries – les villages et les quartiers populaires. Le reporter couteau suisse des Yvelines a récemment publié *À la base, c'était lui le gentil* aux éditions XXI Bis.

Rachid Laïreche est journaliste à *Libération*. Aujourd'hui reporter tout-terrain, il a longtemps suivi les gauches au sein du service politique. Il aime la marche, l'Olympique de Marseille et le raï de Cheb Khaled. En 2022, il a publié *François Ruffin. La revanche des bouseux* (Les Arènes).

Jeanne Macaigne dessine régulièrement pour la presse (revue *XXI*, *Alternatives économiques*, *Libération*). Depuis 2018, elle publie des albums : *L'Hiver d'Isabelle* (éditions MeMo, 2017), *Les Coiffeurs des étoiles* (éditions MeMo, 2018), *Changer d'air* (Les Fourmis Rouges, 2021) et *Un drôle de lundi* (Seuil Jeunesse, 2022).

Mathieu Palain est journaliste et écrivain. Après être passé par *Libération* et la revue *XXI*, il a publié un premier roman, *Sale Gosse* (2019), puis *Ne t'arrête pas de courir* (2021), tous deux aux éditions de L'Iconoclaste. Ce dernier livre, un ouvrage de non-fiction, a remporté le prix Blù Jean-Marc Roberts, le prix du Roman News, le prix Interallié, le prix France Culture-Télérama et le Grand Prix des lectrices de *Elle*. Son troisième livre, *Nos pères, nos frères, nos amis*, est paru en 2023 aux éditions des Arènes.

Julia Pascual est journaliste au *Monde*. Depuis 2018, elle suit les questions liées aux migrations internationales. Elle a co-écrit *La Guerre invisible. Enquête sur les violences sexuelles dans l'armée française* (Les Arènes, 2014).

Marie Piquemal est journaliste à *Libération*, au service enquête. Elle a longtemps couvert l'éducation, raconté l'état de délabrement des écoles à Marseille, la présence d'amiante dans les établissements scolaires… Aussi, les vies invisibles de la gare du Nord. Elle aime mettre en lumière ce que l'on n'entend pas.

Charlotte Rotman a travaillé comme journaliste pendant quinze ans à *Libération*, au service société et au service politique, puis au site *Les Jours*, qu'elle a cofondé en 2016. Elle est également autrice et éditrice. Son dernier livre, *Le Fils*, a été publié à L'Iconoclaste. Elle fait partie du collectif Toute Ressemblance.

Haydée Sabéran est journaliste indépendante. Elle a été correspondante de *Libération* à Lille et rédactrice en chef adjointe de *XXI* et *6 Mois*. Elle est l'autrice de *Ceux qui passent* (Carnets Nord, 2012) et *Bienvenue à Hénin-Beaumont* (La Découverte, 2014).

Remerciements

Ce n'est jamais simple de frapper à une porte pour parler de la mort. Les mots justes existent-ils ? C'est encore plus compliqué pour les personnes de l'autre côté. Pourquoi ouvrir ? Certaines portes se sont ouvertes. Nous avons vu et entendu les sentiments s'affronter : la colère, la rage, la tendresse, la fierté, le manque, la douleur, l'amour et la nostalgie. Tous les journalistes qui ont participé à ce livre remercient sincèrement les familles – mais aussi les amis, voisins et collègues – d'avoir ouvert la boîte à souvenirs pour remettre au centre de leur vie celui ou celle qui est n'est plus là. On pense également à tous ceux qui ont refusé d'ouvrir après un moment d'hésitation. Comment leur en vouloir ? C'est même l'inverse. On s'excuse d'avoir frappé à leur porte.

À Christophe Cottereau, Henri Derepas, Philippe Ferderzoni, Sébastien Portelli, Rudy Terrano, Magalie Valentin et la famille Valentin. À Karine

Thiébault, Franck Capisano, Violette Capisano et Denise Capisano. À Hélène Desplanques, Anne-Claire Guilain, Brigitte Petit, Marie-Thérèse Ponthieu, Fiodor Rilov, Maëva Wachowiak, Cyril Wachowiak et Isabelle Blondel. Aux Amazones Joséphine, Laure et Anne ; et à Manon et Yseult aussi. À Hélène Copin et ses enfants, à Isabelle et Cédric, Christian Misiak, Pascal Wallart, Albert Lebleu et Jean-Claude Lemaire. À Bernard Rondeau et la famille Konaté. À Claire Caron, Éric Caron et Léa Palain. À Liliane Garçon. À Stéphane et son bonnet ; Sophie et son énergie. À Véronique Busson-Chagnolleau et Annie Thébaud-Mony.

Postface

par Arno Bertina

Longtemps je n'ai pas lu cette nouvelle de Melville, *Bartleby le scribe*, que tout le monde citait autour de moi. Je ne pouvais donc savoir que ces ami·es maltraitaient l'esprit du texte. « Chéri, tu veux bien passer au supermarché avant de rentrer ? – *I would prefer not to.* » Puis, l'année dernière, quelqu'un m'en a parlé et j'ai compris qu'il y avait un loup. Alors hier, mardi 7 février, manifestant contre le projet de réforme des retraites, et m'arrêtant boulevard des Italiens devant trois tables dressées par les éditions Libertalia, j'ai acheté leur traduction de *Bartleby*. Et dans le métro qui me ramenait de l'autre côté du périphérique, j'ai commencé ce petit livre sans me douter un instant que, ce faisant, je commençais ce texte aussi.

Bartleby est embauché par le narrateur de cette nouvelle, un juriste qui a besoin de copistes pour que son étude tourne à plein régime. Mais, au lieu de faire ce qu'on attend de lui, l'employé aux écritures va répondre qu'il aimerait mieux pas, et de plus en plus souvent. «*I would prefer not to.*»

Ce que je découvre: cette réponse ne fait pas de Bartleby un Huckleberry Finn de Manhattan; le New-Yorkais n'est pas un impertinent dégagé de tout souci. Si Melville ne nous dit rien de la psychologie de ce copiste, le lecteur désireux de comprendre devra chercher ailleurs. Une piste: ce sous-titre, *Une histoire de Wall Street*. L'employé aux écritures ne participera pas à l'aventure. La frénésie marchande et financière qui s'empare alors de Manhattan (la nouvelle date de 1853) ne fera pas de lui un petit soldat de l'ordre économique naissant. Il ne servira pas le dieu Dollar. Bartleby se soustrait, mais sans la malice des gens qui citent la célèbre repartie; il va jusqu'à se laisser mourir. Il aurait pu participer, modestement, à ce monde-là, mais il *préfère* mourir. Cette nouvelle est peut-être le plus désespéré de tous les textes désespérés. Kafka l'a-t-il lue? Dans la plupart des textes du Praguois, on trouve le même dégoût, le même effroi devant les conditions faites à la vie.

Peut-être est-ce là manquer de légèreté, mais j'ai du mal à comprendre que cette phrase («*I would prefer not to*») soit devenue un signe de reconnaissance entre gens cultivés, car il faut, pour cela, ne tenir compte que de l'humour, et passer sous silence le désespoir qui suinte de la situation.

De fait, elle est irréductible, l'étrangeté de l'employé aux écritures. On ne peut traduire son silence, affirmer qu'il dit ceci ou bien cela. Melville ayant fait l'effort de ne pas réduire la singularité de son personnage en l'expliquant, nous devons respecter cette forme fragile, faite de silences et de questions muettes. Il est difficile de parler à la place du copiste, lui qui ne dit rien d'autre que « J'aimerais mieux pas ». Peut-être toute la littérature n'est-elle rien d'autre que cette attention à la voix de l'autre, ou à ses silences. Peut-être toute la littérature tient-elle dans ce souci de ne pas parler « à la place de ». Les personnages de fiction viendraient de là : les auteur·ices imaginent des vies parce qu'ils et elles savent que « Je est un autre », qu'il est à chercher hors de soi, disséminé dans tous les autres.

Le même tact est à l'œuvre dans ce livre que vous terminez. Aux auteurs de *Morts avant la retraite*, il a semblé qu'il fallait faire entendre la voix des personnes que cette réforme des retraites accablera : ceux qui déjà supportent trop, dont la vie professionnelle est si usante qu'ils ne profiteront pas de leur retraite si on allonge encore les durées de cotisation. Des femmes et des hommes semblables à un ex-GM&S, Yann Augras, Creusois de La Souterraine mort à 48 ans dans un accident de la route (en 2020). La faute à pas de chance ? Le jour de son enterrement, une amie de Yann dira que tout le monde ne meurt pas comme ça, en s'endormant au volant parce qu'à 13 heures il terminait une première journée de travail, commencée à 5 heures du matin, et parce que après le déjeuner une seconde journée commençait pour lui (non plus l'usine d'emboutissage, à travailler pour Renault et PSA, mais faire son bois, ou s'occuper de ses animaux, ou des vieux du village, ou réunir encore une fois les collègues pour voir avec eux comment sauver l'usine que des actionnaires véreux ont envoyée dans le mur). Non, tout le monde ne meurt pas d'épuisement – je résume. (Et Yann était une force de la nature !)

Il faut relayer ces voix, ces parcours de vie, parce qu'il se trouve toujours des gens pour parler *à la place de*. Il y aura toujours un député pour dire que ce Creusois s'est endormi au volant, alors que Yann est mort d'épuisement. C'est même ce qui distingue les puissants, cette facilité à parler *à la place de*. Aux USA comme en Arabie Saoudite, des mâles décident pour les femmes : « Vous ne pourrez pas avorter, voyager seule, boire, ouvrir la bouche, montrer des cheveux, etc. » Elles existent, les photos de ces assemblées masculines. Mais en France, ça va. « Vous pensez qu'on est en dictature ? Allez donc vivre en Russie, vous m'en direz des nouvelles ! » Quoi qu'en disent les défenseurs de l'ordre établi, en France aussi ça parle *à la place de*. La grande bourgeoisie décide pour le reste du pays – dans les ministères, au

Parlement, dans les médias. L'épuisement, la pénibilité ? Les éditorialistes balaient la question. « On n'est plus au temps de Zola. Ah, je voudrais les voir, les cheminots de la RATP, dans une mine en 1900 ; on ne les entendrait plus ! »

Député pendant quatorze ans, ancien ministre, sénateur ensuite (cela fait quatorze ans), président de région, dépassant certainement les 20 000 euros de revenus mensuels pour tous ces mandats et ces retraites qu'il cumule, François Patriat a déclaré, le 12 décembre dernier, que la pénibilité du travail n'était plus un problème : « Les déménageurs et les couvreurs sont [désormais] équipés d'exosquelettes ». Que répondre à ça ? J'habite dans une barre où chaque semaine un locataire laisse la place à quelqu'un d'autre, et je n'ai jamais vu un déménageur équipé de la sorte. Et quand bien même : l'exosquelette est une protection inventée pour que le corps ne s'émiette pas sous les coups de boutoir du travail. Il ne s'agit pas de doper chimiquement les performances humaines ou de bricoler de nouveaux Steve Austin, mais de soutenir ou protéger le corps du salarié auquel on demande quelque chose de surhumain.

L'exosquelette est le signe d'une folie, de la voracité du système commercial : « Vous viderez cet appartement parisien à deux en une heure trente. Qu'il y ait des armoires, des machines à laver et des frigos, et que vous ayez huit heures de route après, je m'en fous : vous livrez à Bayonne à 18 heures. » C'est aussi, dans la bouche du législateur, le signe d'une indifférence – on glisse un problème sous le tapis. Le pansement n'annule pas la plaie, monsieur le sénateur ; il la soigne quand c'est possible, mais il ne l'annule pas, et encore moins ses causes, qui produiront toujours les mêmes effets.

Il n'est pas certain que les vies exposées dans ce volume intéressent – humainement, s'entend – le pouvoir politique. Il n'est pas certain que ces voix reçoivent l'attention de puissants tout à fait sourds ou qui ne veulent pas entendre. Si elles portaient jusqu'aux oreilles de nos élus, ou des éditorialistes dont j'ai parlé, elles seraient l'occasion d'une déchirure : certains pourraient être touchés, quand les autres seraient obligés d'assumer au grand jour leur indifférence ou leur cynisme. On ne sait pas dans quel camp se rangerait Patricia Lemoine, députée LREM qui, le 6 février, postait ceci (sur Twitter) : « Preuve des vociférations des députés Nupes dignes d'une cour d'école, la montre d'une collègue s'affole. » Sur la photo, l'écran d'une montre connectée où l'on peut lire ceci : « Environnement bruyant. Le niveau sonore atteint 90 décibels. Une exposition d'environ 20 minutes à ce... » À quoi le twittos Camden répondra le lendemain : « Oh, des nouvelles du groupe politique qui a supprimé les vibrations des marteaux piqueurs des critères de pénibilité. » Cela s'appelle un tacle. (Elle s'en remettra, d'ailleurs elle s'en fiche déjà, leur arrogance est sans limites.)

On connaît les obstacles qui empêcheront que ces témoignages parviennent entre les mains des décideurs. Les sociologues ont amplement décrit les murs invisibles prévenant le moindre changement, les forces conservatrices, et la confiscation de la démocratie par la grande bourgeoisie. Et si ces vies leur parvenaient, on sait ce qui les empêcherait d'entendre, quels pare-feu intellectuels ils activeraient – surtout ne pas être bouleversés ! Est-il inutile pour autant, ce livre ? Pas certain. Si le peuple est trahi par ses élus, en dernier ressort il doit encore nommer, raconter, décrire. Quand la répression policière (celle qui a fait taire les Gilets Jaunes) est si violente que les gens finissent par rester chez eux (on commence par ne plus manifester avec ses enfants et ses parents retraités, puis on n'y va plus soi-même car on ne veut pas y laisser une main, ou un œil), quand l'isolement menace, il faut encore raconter, décrire et nommer – à la fois l'ennemi et la victime. Pour que ce lien aux autres – en témoignant, je m'adresse à quelqu'un – soit une façon de claironner qu'on n'a pas renoncé à l'agora, à la rue, au pas de porte où l'on échange avec le voisin ou des passants qu'on ne connaît pas.

Avec ce livre, nous nous adressons à des gens qui savent déjà plus ou moins tout ce qu'il contient de colère et de blessures, ou qui sont saisis par l'enjeu humain qui est à l'horizon de cette réforme des retraites. On raconte, on nomme, pour se serrer les coudes ou, plus exactement, comme on se frotte les mains pour se les réchauffer ; la gauche étant aussi froide que la droite, ça semblera un peu absurde, mais en les frictionnant le sang circulera de nouveau dans les doigts, et avec lui un peu de chaleur.

L'EXEMPLAIRE QUE VOUS TENEZ ENTRE LES MAINS
A ÉTÉ RENDU POSSIBLE GRÂCE AU TRAVAIL DE TOUTE UNE ÉQUIPE.

COORDINATION ÉDITORIALE : Charlotte Rotman
COUVERTURE : Éric Pillault
ILLUSTRATIONS : Jeanne Macaigne
RÉVISION : Agnès Aubry, Isabelle Paccalet et Vladimir Sichler
MISE EN PAGE : Soft Office
PHOTOGRAVURE : Point11
FABRICATION : Marie Baird-Smith et Maude Sapin
COMMERCIAL ET MARKETING : Pierre Bottura
COORDINATION : Jean-Baptiste Noailhat
MARKETING ET COMMUNICATION DIGITALE : Clémentine Malgras
RELATIONS LIBRAIRES : Laura Darmon
PRESSE ET COMMUNICATION : Hind Boutaljante,
avec Axelle Vergeade
LES ARÈNES DU SAVOIR : Pierre Bottura avec Marc Blactot,
Adèle Hybre, Guillaume Lollier et Clémentine Malgras

RUE JACOB DIFFUSION : Élise Lacaze (direction), Katia Berry
(grand Sud-Est), François-Marie Bironneau (Nord et Est),
Charlotte Jeunesse (Paris et région parisienne),
Christelle Guilleminot (grand Sud-Ouest), Laure Sagot
(grand Ouest), Diane Maretheu (coordination), Charlotte Knibiehly
(ventes directes) et Camille Saunier (librairies spécialisées)

DISTRIBUTION : Interforum

DROITS FRANCE ET JURIDIQUE : Bertille Comar
et Geoffroy Fauchier-Magnan
DROITS ÉTRANGERS : Flore Gurrey
DROITS AUDIOVISUEL, THÉÂTRE, PODCAST : Alba Beccaria
et Geoffroy Fauchier-Magnan
ACCUEIL ET LIBRAIRIE : Laurence Zarra et Lucie Martino
ENVOIS AUX JOURNALISTES ET LIBRAIRES : Vidal Ruiz Martinez
COMPTABILITÉ ET DROITS D'AUTEUR : Christelle Lemonnier,
Camille Breynaert et Christine Blaise
SERVICES GÉNÉRAUX : Isadora Monteiro Dos Reis

L'ensemble de cet ouvrage a été réalisé
dans le respect des règles environnementales en vigueur.
Il a été imprimé par un imprimeur certifié Imprim'vert.

Achevé d'imprimer sur les presses de l'imprimerie Corlet
à Condé-en-Normandie (Calvados) en avril 2023.

ISBN : 979-10-375-0978-9
N° d'impression : 23030268
Dépôt légal : Avril 2023

En France, un livre a le même prix partout. C'est le « prix unique du livre » instauré par la loi de 1981 pour protéger le livre et la lecture. L'éditeur fixe librement ce prix et l'imprime sur le livre. Tous les commerçants sont obligés de le respecter. Que vous achetiez votre livre en librairie, dans une grande surface ou en ligne, vous le payez donc au même prix. Avec une carte de fidélité, vous pouvez bénéficier d'une réduction allant jusqu'à 5 % applicable uniquement en magasin (les commandes en ligne expédiées à domicile en sont exclues). Si vous payez moins cher, c'est que le livre est d'occasion.